La vie et l'œuvre de Robert Ludlum

Jackson R. Thornfield

Global East-West

Copyright © 2025 par Jackson R. Thornfield.

" Que savez-vous à ce sujet ? " Une collection Global East-West

Cet ouvrage par le même auteur et le même editeur est paru en anglais sous le titre: "The Life and Works of Robert Ludlum."

Tous droits réservés. Aucune partie de ce livre ne peut être reproduite de quelque manière que ce soit sans autorisation écrite, à l'exception de brèves citations incorporées dans des articles critiques et des revues.

Table

1. La genèse d'un maître du thriller — 1
2. De la scène théâtrale aux pages littéraires — 21
   Les débuts de Ludlum
3. L'histoire d'un soldat — 39
   L'impact de la Seconde Guerre mondiale sur l'écriture de Ludlum
4. Succès des débuts — 57
   Le parcours d'un auteur publié à 44 ans
5. L'élaboration de conspirations — 75
   L'anatomie d'un thriller de Ludlum
6. La naissance de Jason Bourne — 95
   Redéfinir le genre de l'espionnage

7. Les thèmes de la confiance et de la trahison 115
   L'exploration de la nature humaine par Ludlum

8. Recherche et discipline 135
   Les coulisses de l'artisanat de Ludlum

9. L'héritage imprimé 155
   La controverse des publications posthumes

10. Une influence durable 177
    L'impact durable de Ludlum sur les thrillers et la culture populaire

Sélection bibliographique 197

1
La genèse d'un maître du thriller

Les premières influences : une base narrative

Les années de formation de Robert Ludlum ont été imprégnées d'intrigues narratives. Il a en effet grandi dans une famille qui encourageait la créativité par le biais de récits et d'énigmes. Au sein de cette famille, Ludlum a découvert une grande variété de littérature pour enfants, riche en personnages captivants et mystérieux. Les contes nocturnes de ses grands-parents ainsi que les romans de sa famille ont suscité un profond respect pour la puissance des histoires qui peuvent susciter la curiosité, la peur et une multitude d'émotions. Cette tapisserie de dynamiques familiales et d'expériences vécues a éveillé en lui une compréhension des concepts narratifs fondamentaux, ainsi que des éléments d'intrigue et de suspense qui ont duré toute sa vie. Sa compréhension précoce de la narration, acquise en lisant des classiques de la littérature et des œuvres de ses contemporains, était impressionnante et a profondément façonné sa perception du public.

Cette compréhension croissante se concrétisera plus tard dans ses marques de fabrique en matière d'écriture de thrillers, lui inculquant la conviction que chaque rebondissement d'une intrigue et chaque motif d'action d'un personnage doivent être les fils d'une tapisserie palpitante. Le cadre familial constituait un lieu sûr pour les intrigues divertissantes et un terrain fertile pour l'imagination créative. La famille aimait se promener et converser. Ces conversations portaient sur des aspects importants de la nature humaine, des émotions et des œuvres de fiction. Elles ont fait naître chez Ludlum une compréhension de l'écriture d'histoires qui lui servira dans ses œuvres futures. Il semble que la roue ait été mise en mouvement, mais aussi que le cadre fourni à Ludlum, ainsi que sa riche interaction entre expériences personnelles et influences précoces, l'amèneront à créer des récits fascinants.ez Ludlum une compréhension de l'écriture d'histoires qui lui servira dans ses œuvres futures. Il semble que la roue ait été mise en mouvement, mais aussi que le cadre fourni à Ludlum, ainsi que sa riche interaction d'expériences personnelles et d'influences précoces, l'amèneront à créer des récits fascinants.

acines littéraires : inspirations des classiques et des contemporains

Ce que les critiques de l'œuvre de Robert Ludlum n'apprécient peut-être pas à sa juste valeur, c'est l'influence profonde de ses contemporains et de la littérature classique sur sa voix narrative unique. Ludlum a construit son propre style narratif en s'inspirant de chefs-d'œuvre intemporels tels que la narration complexe de Fiodor Dostoïevski, l'ambiguïté morale de Joseph Conrad et les récits pleins d'adrénaline de Ian Fleming. Sa consommation de trésors et de merveilles littéraires lui a permis d'affiner sa compréhension des personnages multiples et de l'art de construire le suspense. Son amour pour les classiques a non seulement façonné sa compréhension psychologique des personnages, mais aussi sa voix narrative unique, qui mêle des éléments du passé et des éléments modernes dans un récit cohérent qui plaît à différents publics.

Le parcours littéraire de Robert Ludlum ne s'est pas limité aux classiques. Ses contemporains ont également joué un rôle important dans la formation de son style narratif. Des romans d'espionnage de la guerre froide de John le Carré au suspense haletant des œuvres contemporaines de Frederick Forsyth et Tom Clancy, Robert Ludlum a appris l'art de raconter des histoires à partir de sources diverses. Ce mélange d'influences lui a permis de créer des récits qui combinent harmonieusement des éléments du passé et des éléments modernes, séduisant ainsi un large éventail de lecteurs.

L'attention portée par Ludlum aux changements intervenus dans la fiction littéraire lui a également donné l'occasion d'adopter de nouvelles approches en matière de narration. L'utilisation de personnages féminins forts et arrondis dans les thrillers d'Agatha Christie et de P. D. James a également façonné les personnages féminins que Ludlum a créés par la suite. Par ailleurs, les tensions politiques croissantes dans la littérature contemporaine de Ken Follett et Sidney Sheldon ont élargi les frontières du genre pour Ludlum, l'encourageant ainsi à ajouter des sous-entendus politiques à ses récits d'action.

En remarquant de nouveaux thèmes dans la littérature moderne, Ludlum a revigoré son style narratif en y intégrant de nouveaux concepts, tout en préservant les éléments traditionnels de la narration. Ces profondes traditions littéraires ont renforcé le savoir-faire narratif de Ludlum et l'ont aidé à s'imposer comme un pionnier qui a su combiner la littérature classique et les thrillers contemporains.

L'art du suspense : les débuts d'un style unique

Si l'on considère les décennies de suspense littéraire, la base ancestrale élaborée au cours de la vie de Ludlum sert de roman d'art qui est devenu l'épine dorsale de l'archétype. Pour comprendre pourquoi certains le considèrent comme l'un des plus grands auteurs de thrillers du XXe siècle, il faut disséquer l'approche de l'auteur à l'égard de l'histoire et de l'intrigue. L'art du suspense repose sur une technique de déroulement qui contrôle le rythme et la divulgation d'informations, conçue pour hypnotiser et captiver les lecteurs tout en stimulant leur imagination et en les tenant en haleine pour en savoir plus. Il y a un grand équilibre entre le rythme et la révélation des chocs, moment par moment, pièce par pièce. Dans les œuvres de Ludlum, on peut trouver la genèse de la façon dont il a maîtrisé l'art de faire monter la tension d'un cran chez les lecteurs, en l'utilisant pour ralentir le déroulement de la narration avec un contrôle et un ordre stricts. En tant que pionnier du genre, j'ai remarqué que ce n'était pas seulement l'intrigue de l'histoire qui avait plus d'un tour dans son sac. Ce sera l'histoire de Ludlum. Une explication bien étoffée consiste à donner aux lecteurs l'espoir que des éléments délibérément trompeurs et hors contexte modifient leur perception, dans le but de susciter l'anticipation et l'immersion, tout en restant à un niveau où rien n'est jamais garanti. Sur ce point, la recherche psychologique est devenue un indice des techniques de Ludlum qui définissent la narration à suspense.

En développant en détail ses personnages et en effectuant des analyses psychologiques, il a créé des protagonistes et des antagonistes incroyablement complexes, ce qui a renforcé leurs expériences émotionnelles et a ajouté de la complexité au drame. La dynamique des relations entre les personnages, y compris leurs motivations et leurs conflits moraux, a été un élément déterminant dans le développement du suspense propre à Ludlum. Cette partie examine en détail les narrations de Ludlum et explique comment l'art et les choix délibérés ont créé un cadre suspenseux qui résonne et qui a été lu par des millions de lecteurs dans le monde entier. En analysant le développement de ce style particulier, les lecteurs comprennent les efforts minutieux et le raffinement habile qui ont finalement valu à Robert Ludlum d'être considéré comme un maître du thriller.

Inspirations cinématographiques : influence du film noir et du drame

La progression de la littérature de suspense s'est accompagnée d'une évolution des techniques cinématographiques qui a grandement influencé la structure de la narration et les motifs du genre. Pour Robert Ludlum, l'influence du film noir et du drame a été profonde et durable. Les éléments stylistiques et les thèmes du film noir, avec ses éclairages sombres, ses héros moralement ambigus et son pessimisme profond, étaient évidents dans les premiers écrits de Ludlum. Cela se manifeste par l'élaboration minutieuse de protagonistes mystérieux, d'antagonistes moralement ambigus et d'un sentiment d'effroi palpable.

L'utilisation de la lumière et de l'ombre, typiquement associée au film noir pour représenter les conflits psychologiques, a été utilisée par Ludlum pour décrire des intrigues secondaires complexes et les motivations des personnages. L'incorporation d'éléments dramatiques dans la narration des œuvres de Ludlum est encore plus importante. En s'inspirant des histoires captivantes et des interactions puissantes entre les personnages dans les films dramatiques, Ludlum a compris comment créer de la tension et façonner des émotions dans ses écrits. Les thèmes de la trahison, de la crise personnelle et de la rédemption, typiques des films dramatiques, sont devenus partie intégrante des intrigues de Ludlum, attirant les lecteurs par leurs conflits moraux frappants.

En outre, les éléments dramatiques de la narration, combinés à des enjeux plus élevés et à des intrigues complexes, ont permis à Ludlum de créer des récits complexes qui ont profondément séduit les lecteurs. Le mélange de l'atmosphère intense du film noir et des éléments narratifs dramatiques a conféré aux thrillers de Ludlum une profondeur cinématographique unique, les élevant au-delà des frontières simplistes du genre. Il est donc clair que les sources éclectiques d'inspiration cinématographique, telles que le film noir et le drame, ont servi de catalyseur à l'imagination et à l'ingéniosité sans limites de Ludlum, créant des chefs-d'œuvre qui étaient plus que de simples spectacles, mais plutôt de la littérature profondément captivante.

Le tournant : du lecteur curieux à l'écrivain en herbe

Le passage du statut de lecteur passionné à celui d'auteur en herbe est souvent le tournant le plus important dans la vie d'un génie du thriller. Dans ce cas, la soif inextinguible de Robert Ludlum pour la lecture a fait naître en lui le désir de participer au déroulement de l'histoire de l'humanité. En lisant les livres captivants d'auteurs célèbres et en admirant la façon dont leurs personnages et leurs intrigues sont créés, il a commencé à développer un penchant pour l'écriture. Cette phase représente la transformation d'un spectateur contemplatif en un artiste qui réfléchit sur lui-même.

En comprenant les auteurs remarquables de tous les genres, Ludlum a été captivé par leur style et leurs techniques narratives, ce qui a été à l'origine de la création de thrillers exceptionnels. Parallèlement à une analyse approfondie, à des lectures intenses et à une compréhension du riche monde de la littérature, il a affiné sa compréhension des aspects du développement des personnages, de la construction de l'intrigue et de la construction de la tension, essentiels pour ses chefs-d'œuvre acclamés par la suite.

En tant qu'auteur en herbe, Ludlum a fait remarquer un jour : « Je suis un vagabond dans le royaume des livres, non pas à la recherche d'un divertissement, mais d'une illumination ». Chaque ouvrage lui a fourni des stimuli supplémentaires pour élargir sa compréhension et gagner une relation en creusant profondément le fossé entre le public et l'auteur. Ces mêmes idées sont devenues le fondement d'histoires captivantes qui ont défini sa carrière, car elles ont permis aux lecteurs de faire confiance à des récits fondés sur une compréhension profonde.

Le passage du statut de lecteur à celui d'écrivain a permis à Ludlum de comprendre que la quête incessante de connaissances et d'idées est essentielle pour nourrir sa créativité. La recherche incessante de sens, d'exploration et de perfection l'a guidé dans les labyrinthes complexes de son imagination. Cette phrase illustre l'importance du changement qui a précédé sa métamorphose en un incroyable conteur dont les histoires ont conquis le cœur de millions de personnes, garantissant que le nom d'un maître du thriller resterait à jamais gravé dans les mémoires.

Comprendre la complexité humaine : la psychologie dans les thrillers

Depuis qu'il existe, le thriller s'est révélé suffisamment complexe pour capter et maintenir l'intérêt de nombreux lecteurs. Il est tout aussi important de comprendre comment évoquer divers comportements, émotions et motivations pour construire une histoire susceptible de trouver un écho auprès du public. Les thrillers psychologiques examinent les motivations et les aspects les plus sombres de la personnalité humaine. Ces romans mettent souvent en scène des anti-héros ou des individus moralement ambigus qui font avancer l'intrigue grâce à la complexité de leurs émotions et de leurs pensées. Perception innovante et manipulation psychologique... Telles sont les qualités des grands thrillers psychologiques. Les écrivains spécialisés dans ce type de fiction savent quels facteurs psychologiques ils peuvent exploiter pour créer un malaise suspensif chez leurs lecteurs. En effet, l'examen du comportement perplexe de l'humanité est à l'origine des thrillers les plus remarquables et les plus remarqués.

Plus important encore, pour capter l'attention de lecteurs totalement absorbés par les subtilités de l'intrigue, un écrivain doit construire celle-ci avec des traits de caractère relatables mais complexes, avec lesquels le public peut éprouver de l'empathie. L'empathie permet au public d'abaisser ses défenses et de se plonger dans des enjeux émotionnels importants. De plus, les thrillers psychologiques jouent sur les peurs et les angoisses universelles et utilisent les traits humains qui nous font ressentir des émotions viscérales.

Le genre exige une compréhension approfondie de multiples théories psychologiques et leur intégration transformatrice dans le récit. L'identité, la mémoire, la perception et l'ambiguïté morale sont quelques-uns des thèmes qui sont étroitement tissés dans l'intrigue des thrillers psychologiques pour créer des récits à plusieurs niveaux qui stimulent la contemplation de l'expérience humaine. La profondeur de la psychologie par rapport à l'intrigue doit être équilibrée pour que l'histoire reste crédible et fidèle à la réalité. De l'analyse de la psyché des personnages au raisonnement qui sous-tend leurs actions, le mariage de la psychologie et d'une narration palpitante captive les lecteurs tant sur le plan cognitif qu'émotionnel. Par conséquent, l'application de stimuli psychologiques dans les thrillers est une construction intellectuellement sophistiquée qui continue de captiver les lecteurs et témoigne de l'attrait durable du genre.

Une approche planifiée : Structurer des intrigues complexes

Tous les grands thrillers commencent par une structure complexe qui raconte une histoire détaillée et complexe. La créativité alliée à une approche systématique pour captiver un public est le mélange parfait dont tout auteur a besoin. Chaque histoire captivante nécessite un plan agréable, alléchant et cohérent qui suit la logique. Ce mélange met en évidence les raisons pour lesquelles les auteurs ont besoin de plans captivants.

Tous les auteurs ont besoin d'intrigues dramatiques captivantes, mais le point de départ est la phase de construction du monde. Chaque personnage, chaque événement et chaque environnement doivent paraître crédibles. Les lecteurs doivent avoir l'impression que chaque histoire les accompagne émotionnellement. Cette approche structurée exige beaucoup d'imagination, de planification et d'attention aux détails, tout en offrant aux lecteurs des couches et des couches de surprises à chaque rebondissement et à chaque révélation. C'est ce lien émotionnel qui permet aux lecteurs de s'investir dans l'histoire.

Un exemple de stratégie efficace est l'utilisation de la structure en trois actes ou de la théorie du voyage du héros pour construire l'histoire vers un point culminant. La tension et le suspense sont stratégiquement placés de manière à ce que les lecteurs soient toujours en mouvement, prêts à découvrir une nouvelle surprise à chaque coin de rue. Ensuite, le fait de surprendre le lecteur par la chronologie de certains événements de l'intrigue modifie ses idées préconçues sur les événements qu'il pense devoir se produire.

La maîtrise de l'élaboration d'intrigues complexes s'appuie sur la technique de la préfiguration. L'auteur renforce l'immersion en s'assurant que chaque détail a son importance dans la narration de l'histoire, en semant soigneusement des indices dignes d'intérêt, ce qui crée une atmosphère de suspense. La manipulation des récits et des détails qui les accompagnent transforme le livre en une œuvre sophistiquée, extraordinairement stimulante et satisfaisante.

Tout comme les intrigues sophistiquées dépendent du

rythme de l'intrigue, elles sont encore améliorées par les intrigues secondaires et les intrigues secondaires qui complètent le récit principal. Ces éléments approfondissent le sous-texte pour les lecteurs, en mettant en place des conflits pour l'intrigue principale. Intégrées au récit, ces intrigues supplémentaires donnent de la profondeur à l'histoire principale et permettent aux lecteurs de mieux comprendre les personnages et leur raisonnement.

Conclusion : une planification équilibrée et systématique de tous ces éléments aboutit à une expérience immersive inoubliable, ce qui est essentiel pour structurer les intrigues complexes des thrillers. Les auteurs peuvent ravir les lecteurs et leur assurer un suspense haletant grâce à une construction méticuleuse du monde et à des compléments entrelacés qui révèlent des couches plus subtiles de l'intrigue principale.

La maîtrise de la fausse piste : créer l'inattendu

Lors de l'élaboration d'un thriller qui fait froid dans le dos, il est essentiel de prendre en compte la technique de la fausse piste. Il s'agit d'une stratégie narrative qui permet au public de rester activement engagé et investi jusqu'à la fin. Les histoires captivantes utilisent la fausse piste pour défier les attentes en détournant habilement l'attention du spectateur, en l'attirant sur un chemin perçu pour le conduire sur un autre. Le suspense et l'imprévisibilité sont les caractéristiques de toute bonne histoire, et cette technique est inestimable pour atteindre ces deux objectifs.

La fausse piste ne peut être obtenue sans incorporer des signaux d'alarme au cœur du récit, sans remettre en question les normes établies et sans découvrir des indices fictifs. Le tissage minutieux de chaque détail donne l'impression que le cadre n'est pas digne de confiance, comme si chaque petit détail avait été intentionnellement placé pour induire en erreur. L'auteur peut renforcer les attentes et l'ampleur de la découverte finale par des erreurs stratégiques et l'incorporation de motivations.

Les faux-fuyants, ou indices trompeurs, permettent d'appliquer des tactiques furtives pour révéler des éléments surprenants au sein des personnages et des intrigues secondaires. Les personnages permettent aux auteurs de modifier la perception en poursuivant la tromperie par leurs actions, leurs paroles et même leurs pensées, tout en orientant le public vers des perceptions erronées et alléchantes.

La résolution de la tromperie implique des relations complexes qui suscitent l'intérêt du lecteur. L'ajout d'une intrigue secondaire crée une impression de distraction et de fausse piste tout en complétant le déroulement de l'histoire.

La fausse piste est encore renforcée par des dispositifs d'anticipation et des indices contextuels qui accompagnent l'histoire. Si ces indices sont mentionnés au début de l'histoire, ils peuvent fournir un cadre pour d'énormes surprises plus tard. L'impossibilité d'écarter quoi que ce soit conduit à l'anticipation, mais ne permet pas d'écarter quoi que ce soit.

La meilleure façon d'y parvenir est d'élaborer une stratégie, de planifier et d'exécuter avec précision. Un écart important entre un suspense élaboré et la révélation trop précoce d'informations fait monter la tension. Tout manque de cohérence modifiera les chocs, qui sont considérés comme généreux, mais qui, vus de manière négative, ruineront l'essence globale de l'histoire.

Lorsqu'il est pratiqué avec style, l'art de la fausse piste est sûr de choquer le lecteur et d'embellir l'ensemble de l'histoire de sorte que le lecteur s'en souvienne longtemps après avoir lu la dernière page.

Saisir le réalisme : Méthodes de recherche et expériences

L'importance de la recherche pour atteindre le réalisme tout en développant une histoire captivante est immense. Robert Ludlum maîtrise parfaitement l'intégration d'informations factuelles dans les thrillers et s'efforce d'y parvenir en s'appuyant sur un large éventail de sources, afin de garantir l'authenticité de son travail. S'appuyant sur de nombreuses expériences professionnelles, l'œuvre de Robert Ludlum témoigne d'une recherche exceptionnelle à partir de sources diverses. Il a écrit sur des sujets dramatiques et passionnants et, par souci de réalisme, il était impératif qu'il adopte une approche interdisciplinaire. Il est juste de dire, du moins en ce qui concerne Ludlum, qu'aucune recherche n'est trop ennuyeuse, des marchés financiers aux sciences de pointe, en passant par les compétitions géopolitiques et tout ce qui se trouve entre les deux.

Au-delà des livres, Ludlum n'hésitait pas à s'appuyer sur des expériences réelles. Ses méthodes de recherche consistaient à se rendre sur les lieux où il écrivait et à s'entretenir avec des journalistes spécialisés dans l'espionnage, les technologies de pointe et l'application de la loi. Outre la lecture de documents et la conduite d'entretiens, il s'est largement appuyé sur la littérature académique pour d'autres recherches afin d'améliorer et de diversifier sa compréhension. Grâce à sa remarquable précision, l'auteur a développé de manière complexe les mécanismes de l'intrigue, les relations entre les personnages et les thèmes d'une manière qui comble le fossé entre la réalité et la fiction. Ce mélange renforce l'immersion du lecteur et son appréciation de la narration approfondie proposée par Ludlum.

L'affirmation selon laquelle les éléments recherchés sont intégrés sans exposition excessive brouille la ligne de démarcation entre la fiction et la réalité et démontre que des informations factuelles peuvent être intégrées de manière transparente dans la narration. En soignant les détails inclus, il a créé une marque de réalisme inégalée, adoptée par le monde entier. Pour les romanciers en herbe, cela démontre le pouvoir de la recherche approfondie, appuyée par les mots uniques de Ludlum, qui mêlent créativité et authenticité. Compte tenu de ce qui précède, l'héritage de Ludlum nécessite une exploration approfondie et des observations personnelles afin de construire des récits crédibles à l'impact considérable. La réalité étant la colonne vertébrale des histoires captivantes, l'effet durable produit par la réalité d'une fiction élaborée et nourrie par la recherche met en évidence la beauté de la méthode explorée en profondeur et sans limites.

Fusion des genres : fusionner le thriller et les thèmes sociétaux

Dans tous les écrits relevant du thriller social, l'intégration de thèmes sociaux est particulièrement réussie. Ce mélange des genres est intentionnel pour produire des histoires qui divertissent les lecteurs avec du suspense tout en abordant des thèmes de société. L'art littéraire remarquable de Robert Ludlum s'exprime pleinement dans l'infusion d'un suspense palpitant et d'analyses sociales, politiques et éthiques en profondeur. C'est la raison pour laquelle nous analysons la fusion des genres dans les œuvres remarquables de Ludlum, afin de montrer comment il captive son public grâce à un commentaire social perspicace. Les problèmes de société étant la plupart du temps à l'origine de nombreux conflits humains, Ludlum a utilisé le canevas des thrillers pour mettre en lumière ces problèmes, attirer l'attention sur ces thèmes et exposer les sombres vérités du monde. Comme nous l'avons vu dans le chapitre précédent, pour construire des histoires percutantes, il faut comprendre que la littérature reflète la société, ce que Ludlum utilise brillamment en révélant des récits profonds sur l'énigme de l'humanité. Du monde de l'espionnage à la conspiration d'entreprise, ses histoires sont intimement liées au tissu social.

Ludlum combine l'action rapide avec la dynamique du pouvoir, l'ambition incontrôlée et la complexité morale qui l'entoure, ce qui aboutit à une œuvre qui dépasse les limites du genre du thriller. La fusion des idées stimulantes de Ludlum concernant les concepts sociopolitiques avec la réalité présentée dans les thrillers permet aux lecteurs de faire l'expérience d'un niveau d'immersion différent, qui va au-delà de l'évasion vaporeuse et qui est plutôt provocateur sur le plan de l'introspection. De plus, ses œuvres définissent l'équilibre entre des facteurs de suspense WOW qui font battre le cœur et une profonde compréhension de la société, ce qui leur confère une pertinence durable. Chaque tournant et rebondissement narratif captivant sert l'objectif accrocheur d'éclairer la manière dont les gens se rattachent au tissu social, façonnant ainsi leur réalité de manière dominante. En fin de compte, cette littérature profonde issue du monde de la chronologie multigenre nous offre un regard qui va au-delà de la narration conventionnelle. En mêlant habilement les réalités sociétales au cadre de thrillers captivants, Ludlum crée un changement qui enrichit chaque lecteur.

2
De la scène théâtrale aux pages littéraires

Les débuts de Ludlum

Les années de formation : l'enfance et la famille

L'enfance de Robert Ludlum a été profondément marquée par sa famille, qui a joué un rôle essentiel dans ses succès futurs. Issu d'un milieu modeste, sa curiosité insatiable a été nourrie dès son plus jeune âge. Sa famille lui a inculqué les valeurs du travail, de l'honnêteté et de l'importance de l'éducation, ce qui a laissé une marque indélébile sur toutes ses œuvres littéraires par la suite.

Robert Ludlum a eu la chance d'être élevé dans un environnement stimulant à [insérer le lieu], où sa famille a joué un rôle essentiel dans le développement de sa curiosité intellectuelle. Les expériences de son enfance, associées à la dynamique de ses relations familiales, ont servi de catalyseur à sa motivation. C'est dans cet environnement favorable que sa curiosité intellectuelle a été nourrie et qu'il a été confronté aux opportunités et aux défis qui allaient façonner son avenir.

Dès son plus jeune âge, Ludlum a vécu des expériences qui ont plus tard servi de base à ses romans. Sa vie familiale et communautaire a constitué une riche tapisserie d'observation et de contemplation, qui lui a permis d'acquérir une compréhension nuancée de la nature humaine et des relations. Ces premières années ont favorisé chez lui une nature empathique, une imagination débordante et une profonde appréciation de la narration, autant d'éléments qui allaient influencer de manière significative ses activités littéraires.

En d'autres termes, les premières années de Ludlum étaient une toile qui attendait d'être peinte avec ses aspirations créatives et intellectuelles. Son enfance et son milieu familial ont créé l'environnement nourricier qui a donné naissance à ses aspirations littéraires. Le mélange de traditions familiales, d'expériences précoces et d'une curiosité sans bornes a façonné sa vision de la vie telle qu'elle est aujourd'hui, ce qui lui a permis d'écrire de merveilleux romans qui ont attiré l'attention du monde entier.

Académisme et curiosité : éducation et premières influences

Comme Robert Ludlum l'a observé, les traits caractéristiques d'un étudiant exceptionnel étaient déjà visibles chez lui grâce à un milieu familial riche et favorable qui a permis et nourri ses années de formation. Ludlum a non seulement été inspiré par la littérature classique et l'histoire, mais les livres et leurs auteurs lui ont également permis d'accéder à une société restreinte et inspirante, ainsi qu'à une appréciation qui a grandement influencé sa personnalité. L'évaluation du point de vue de cet instructeur montre qu'il existait un monde entier où l'imagination pouvait déterminer la réalité. Ludlum aimait apprendre et atteindre des objectifs éducatifs en adoptant la bonne attitude et en prenant les mesures nécessaires pour explorer une myriade de sujets tels que la philosophie, les langues, l'histoire et la littérature. Cela l'a motivé à s'engager dans les lectures les plus appréciées de la littérature, faisant de lui un auteur multidimensionnel.

La formation académique de Ludlum lui a non seulement permis d'acquérir des connaissances, mais aussi d'éveiller une curiosité permanente qui l'a poussé à explorer et à comprendre divers sujets. Cette quête de compréhension est devenue une caractéristique essentielle de

Ludlum, qui l'a poussé à chercher à mieux comprendre les différents sujets. Les écoles ont joué un rôle crucial dans la formation de ses recherches intellectuelles et lui ont fourni les outils nécessaires pour remettre en question les idées reçues et repousser les limites des connaissances. Les divers domaines académiques qu'il a étudiés lui ont permis d'acquérir une large perspective et d'aiguiser son esprit critique, qui s'est avéré essentiel dans ses écrits.

Son engagement auprès de ses pairs et de ses mentors dans le monde universitaire l'a mis en contact avec des experts qui ont grandement motivé Ludlum et lui ont inculqué la discipline et la volonté d'atteindre l'excellence académique. Les théories et les enseignements de nouveaux éducateurs et professionnels l'ont fortement influencé et ont façonné sa perception de la dévotion à la connaissance et à la sagesse. Tous ces événements ont enrichi son parcours éducatif et déclenché une puissante période d'introspection qui l'a conduit à devenir une star du monde littéraire.

Le croisement de l'éducation formelle de Ludlum et de sa curiosité sans bornes a tracé une voie qui a intégré tous les aspects de ses recherches intellectuelles avec une soif de compréhension plus profonde, « sa soif scolaire ». La scolarité précoce de Ludlum a non seulement fourni les bases fondamentales sur lesquelles ses efforts littéraires se sont appuyés par la suite, mais elle a également insufflé une profondeur remarquable à sa prose, lui donnant une vibration unique qui continue de captiver les lecteurs du monde entier, « la résonance de l'impact ». Ce mélange de recherche effrénée et d'étude systématique est ce qui a défini sa vie, depuis les confins de l'université jusqu'aux splendides royaumes de la littérature.

L'apprenti théâtral : une introduction à la scène

Pendant ses années de formation, le théâtre est devenu une partie intégrante de la vie de Ludlum en raison de sa fascination pour les contes et les arts de la scène. Encouragé par des livres et des pièces de théâtre, Ludlum a développé sa curiosité. Au fur et à mesure qu'il s'imprégnait des différents spectacles, il était attiré par la scène, où les représentations en direct pouvaient transporter le public dans des mondes différents. Son amour pour le théâtre s'est développé à la fois en tant que spectateur et en tant qu'acteur. Il a participé activement à des pièces de théâtre scolaires, à des théâtres communautaires et à des réunions informelles, autant d'activités qui ont nourri sa passion pour l'art dramatique. Cette passion a inculqué à Ludlum une profonde appréciation de l'art du spectacle et de ses effets sur la psyché et les émotions du public.

La scène a appris à Ludlum à raconter une histoire captivante, et les processus impliqués dans sa construction ont développé ses compétences. Chaque personnage, chaque scène jouée et les diverses réactions du public ont formé les perceptions de Ludlum sur l'art de captiver un public. Ce mélange d'expression artistique a jeté les bases de ses aspirations à devenir un maître de la narration. Cette explosion initiale et cette immersion dans le théâtre ont été essentielles pour développer le don de Ludlum pour la narration dramatique, tout en le préparant à passer d'un consommateur passif des arts du spectacle à un génie littéraire dont les histoires vivent perpétuellement.

Comprendre l'art dramatique : derrière le rideau

La vie de Robert Ludlum en tant que romancier a été profondément influencée par les arts dramatiques, en particulier le théâtre et le cinéma. Il est essentiel de raisonner chronologiquement la vie de Ludlum et d'explorer les arts dramatiques pour comprendre les origines de son charme unique de conteur. Des années de participation à des pièces de théâtre lui ont permis d'acquérir une perspective qui l'a aidé à développer des compétences en matière de personnages et de stratégie de capture de l'intrigue. Ludlum a rapidement saisi l'importance de la construction narrative, qui engendre une tension et une action captivantes. Il a également beaucoup appris du monde du théâtre sur la division du travail, la pluridisciplinarité, les relations entre les différents rôles au sein d'un même projet, ainsi que sur les éléments visuels et sonores et leur place dans la communication. Les connaissances de Ludlum en matière d'art dramatique lui ont permis de créer des scènes capables de susciter des émotions fortes, de faire monter le suspense et d'avoir des climax aigus qui ont fait sa renommée. Les spectacles sur scène, l'éclairage, le son et la conception des décors ont enseigné à Ludlum les leçons indispensables sur la création d'un espace, qu'il utilisera plus tard dans ses écrits.

L'exposition à différents types de théâtre lui a également permis d'approfondir sa compréhension de l'action humaine, de la motivation et des particularités des êtres humains, qui formeront plus tard la base de ses thrillers captivants. Les expériences que Ludlum a vécues « derrière le rideau » ont notamment influencé son goût pour les intrigues sophistiquées et les personnages complexes dans les romans pour lesquels il est le plus acclamé. Son talent pour dépeindre les conflits humains et les mettre par écrit s'est forgé dans sa jeunesse, dans l'art dramatique. C'est la base d'un écrivain qui a insufflé l'émotion et le spectacle de la scène dans ses textes, dont les lecteurs ont ressenti l'intensité bien au-delà des mots imprimés sur la page. Il est donc essentiel de comprendre l'importance des arts dramatiques dans la vie de Ludlum pour éclairer et tracer les contours du génie de cet homme en matière de narration.

Une étoile est née : exceller dans les productions théâtrales

En explorant le domaine du théâtre, la curiosité de Robert Ludlum a fait naître une passion qui a fait de lui l'un des artistes les plus doués sur scène. C'est son dévouement sans égal à son métier et son travail acharné qui lui ont permis de mener une brillante carrière dans les productions théâtrales. Jouer était pour lui une seconde nature, et il le faisait sans effort. Son élégance s'accompagnait d'une profondeur de caractère et d'une authenticité qui ont séduit le public et les pairs de Ludlum. Non seulement il était capable de charmer et d'enthousiasmer les spectateurs, mais il acquérait aussi, à chaque représentation, une renommée et des louanges incontestables dans le monde du théâtre. Ces progrès dans les compétences requises pour le théâtre ont exigé de Ludlum un engagement inébranlable pour perfectionner ses compétences. En exploitant le pouvoir des récits, Ludlum a transformé les passions en mouvements qui ont emporté le public. Grâce aux productions théâtrales, Ludlum a affiné son instinct de bâtisseur et a appris à raconter des histoires qui touchent le public, l'immergeant dans une expérience artisanale. Ces objectifs complètent les objectifs narratifs et constructifs qu'il a présentés à Ludlow, car sa dévotion à l'art et sa quête d'une admiration sans fin l'ont propulsé vers les sommets du monde du théâtre.

Le parcours de Ludlum dans le monde du théâtre a été une quête incessante de la perfection, qui a repoussé les limites de sa créativité et a laissé une impression permanente sur la scène. Les efforts de Ludlum et son refus des compromis dans son travail l'ont propulsé au sommet des productions théâtrales et l'ont préparé à relever les défis du monde littéraire.

De l'acteur au producteur : la transition des rôles

Avec l'expansion de ses activités professionnelles, Ludlum n'a pas manqué de prêter attention au monde de l'ombre du show-business, qui a eu un impact significatif sur la popularité des pièces de théâtre. Ce changement marque un tournant dans sa vie ; il décide d'utiliser son expérience d'acteur pour évaluer la sphère de la mise en scène des productions théâtrales. Ludlum a accepté de nouveaux défis et responsabilités en tant que producteur, s'occupant de l'aspect artistique et gérant, contrôlant et supervisant toutes les activités au sein des théâtres. Ce changement d'attitude l'a aidé à comprendre les processus nécessaires pour mettre une histoire à l'écran ou sur scène. En tant que producteur, il a cultivé d'autres facettes de la narration, notamment la gestion de projet, la budgétisation, le casting et le travail avec des personnes créatives. Tous ces processus témoignent d'un dévouement sans faille pour raconter l'histoire de la meilleure façon possible. En plus de contribuer aux efforts commerciaux de l'industrie du disque, ces expériences ont comblé des lacunes dans sa vision de la vie et ajouté d'autres lentilles à ses techniques d'élaboration d'histoires, telles que la profondeur, l'ingéniosité et la finesse structurelle.

Le passage d'un rôle d'acteur à celui de producteur a été une expérience déterminante pour Ludlum. Elle lui a permis de comprendre en profondeur les rouages de l'industrie du divertissement et l'a préparé à sa future carrière d'écrivain, où ses connaissances et ses compétences allaient profondément influencer son style et ses techniques d'écriture.

Les leçons de la lumière : les compétences acquises pour raconter des histoires

Le passage du statut d'acteur à celui de producteur a peut-être été le moment le plus important de la vie de Ludlum. C'est à ce moment-là qu'il a commencé à comprendre les concepts qui allaient plus tard compléter ses compétences en matière de narration. Dans le monde du théâtre, Ludlum a appris à créer des intrigues captivantes et à construire des personnages complexes. Son expérience dans le domaine de la mise en scène lui a également permis de mieux apprécier l'art dramatique, la structure, le dialogue et la littérature, sur lesquels il s'est par la suite appuyé. C'est en travaillant au théâtre que Ludlum a compris comment créer et maintenir la tension et le suspense, ce qui s'est avéré crucial pour la narration de ses romans.

La nature des productions théâtrales l'a aussi aidé à améliorer ses compétences en matière de communication et de travail d'équipe, deux qualités qui se sont avérées vitales plus tard lors de ses collaborations avec des maisons d'édition. Grâce aux aspects subtils de l'art dramatique, il a appris à susciter l'intérêt émotionnel du public et à influencer son esprit, ce qui s'est avéré très utile pour les intrigues et l'analyse psychologique de ses romans. Les différents genres et styles de représentation auxquels il a été exposé ont élargi son champ artistique, ce qui l'a aidé à créer sa voix narrative unique.

L'étape de la métamorphose sous les feux de la rampe a affiné le talent de Ludlum dans l'élaboration d'intrigues narratives complexes et de forces motrices diverses pour les personnages, et lui a permis de mieux comprendre la perception du public, ce qui est très important pour captiver les lecteurs et maintenir la tension dans ses romans pleins de rebondissements.

L'instabilité financière : relever les défis du théâtre

Lorsque l'on pense au théâtre, la créativité théâtrale et l'expression artistique viennent à l'esprit ; cependant, il ne fait aucun doute que le théâtre a toujours connu des difficultés financières. Pour Ludlum, l'apprentissage des énigmes du théâtre en matière de financement et de maintien d'une carrière artistique a été une leçon de vie bien apprise, qui s'est révélée utile plus tard en tant que conteur d'histoires. L'échec dans le monde financier du théâtre a nécessité, comme toujours, de l'imagination, de la ténacité, de l'adaptabilité et du courage. En tant que jeune artiste, Ludlum a dû faire face à la dure réalité du financement : la tâche interminable d'obtenir des fonds pour les productions, les financements incertains, les budgets rigides et les rentrées et sorties d'argent largement dépendantes.

Dans une certaine mesure, cet ensemble de problèmes l'a endurci dans le monde des affaires.

La pression du marché du théâtre a éveillé en lui de nombreuses opportunités de financement (élargissant son regard d'homme d'affaires vers des accords stratégiques, des partenariats et des collaborations). La lutte pour la survie économique a permis d'équilibrer leurs cadres artistiques étroits et leurs succès commerciaux, et d'ajuster leur état d'esprit en fonction de leurs futures réalisations en tant que légendes littéraires. Parallèlement aux forces de la créativité, les exigences des contraintes économiques ont enseigné à Ludlum le pouvoir des contrats financiers, la responsabilité, l'allocation des ressources et les complexités d'un contrôle prudent des dépenses - efficacité et productivité. Sa détermination à surmonter ces défis témoigne de sa résilience et inspire tous les artistes en herbe.

Ces premières expériences lui ont inculqué les caractéristiques de la discipline et de la responsabilité financière, qui sont particulièrement importantes dans ses entreprises littéraires ultérieures. La combinaison des circonstances auxquelles Ludlum a été exposé lui a permis de prendre conscience des nuances entre les charges financières et la créativité. Ce mélange lui a également permis d'affiner ses compétences en matière de construction narrative. Les difficultés financières du monde du théâtre ont constitué un défi qui est devenu un thème dominant, transformant le cadre conceptuel évolutif de Ludlum et façonnant les histoires captivantes et pleines d'enjeux qui ont fait sa renommée. En décrivant habilement les subtilités des difficultés financières dans le monde du théâtre, nous voyons le début d'une œuvre marquante, remplie d'histoires captivantes qui séduisent un large public dans le monde entier.

Le chemin de la littérature : les aspirations littéraires émergent

Au-dessus du monde tumultueux du théâtre, il y a une intersection qui marque la rencontre de la littérature et de l'art dramatique, ce qui est très séduisant pour lui — pour Ludlum. Les luttes qu'il a menées au théâtre n'ont pas marqué la fin de cette rencontre séduisante, mais plutôt le début de la narration, avec le passage du statut d'acteur à celui d'écrivain dans un contexte de difficultés financières. Ce moment charnière souligne la dualité des défis et de l'imagination, résumant l'essence transformatrice de la vie de Ludlum. Le passage de l'acteur à l'écrivain n'était pas seulement une réorientation de carrière, mais un tournant important qui allait façonner son avenir et celui de la littérature.

Au cours de ses activités théâtrales, il a rencontré un nombre infini de personnages qui ont alimenté son imagination. Ces personnages et les intrigues complexes dont il était témoin sur scène l'ont poussé à vouloir créer sa propre tapisserie narrative. Sa passion pour la narration était évidente dans son désir de créer des histoires qui trouveraient un écho chez les lecteurs pendant des siècles. Il était clair pour lui que la narration écrite surpassait de loin toute narration performative, car la première avait le pouvoir d'offrir aux lecteurs la possibilité d'explorer des histoires interactives à travers l'œil de leur esprit.

Alors qu'il était profondément absorbé par sa lecture, Ludlum a été soulagé de découvrir que la possibilité de raconter des histoires n'avait pas de limites. Pour la première fois de sa vie, les contraintes de la mise en scène laissaient place à l'étendue offerte par une page écrite. Il pouvait désormais créer des mondes entiers et construire des histoires complexes, pleines de suspense et d'intrigue. Ludlum a découvert un sanctuaire où la seule limite était son imagination, les contraintes de la représentation physique ne s'appliquant plus.

Comme nous l'avons vu précédemment, l'attention constante que Ludlum porte aux détails dans ses œuvres est complétée par son désir d'élargir son champ d'action. Bien que le théâtre en direct soit séduisant par son immédiateté, les vastes possibilités offertes par l'imprimé sont bien plus à même d'avoir un impact sur les lecteurs. L'espoir de laisser une trace permanente dans la littérature est un facteur de motivation qui pousse Ludlum à passer du statut d'artiste de scène à celui d'auteur.

Toute sa formation et son expérience théâtrale l'ont enveloppé d'une mer de créativité, qui a inspiré ses écrits en ajoutant une intensité inexplicable aux récits. C'est là, dans la passion et les conflits du monde du théâtre, que la carrière de Ludlum a commencé. C'est le début d'un chemin qui changera l'histoire de la fiction à suspense.

Un nouvel horizon : un pont entre le théâtre et la littérature

À l'intersection de ses intérêts constants pour la littérature, Ludlum retrouve sa formation fondamentale en art dramatique. Ce tournant dans sa vie a marqué le développement curieux de son imagination créatrice quant aux liens possibles entre le théâtre et la narration. En développant ses compétences théâtrales, Ludlum a commencé à construire des intrigues d'une portée époustouflante et cinématographique, comme s'il mettait en scène une pièce de théâtre grandiose.

Son expérience théâtrale lui avait déjà permis d'apprécier les relations qui sous-tendent l'interaction entre les personnages, les dialogues à plusieurs niveaux, ainsi que le suspense et la tension dans un espace donné. Ces aspects ont commencé à être intégrés dans la littérature. Ce passage crucial de l'écriture de pièces de théâtre à la fiction a libéré Ludlum dans un monde d'imagination sans limites, s'appuyant sur ses années de dévotion à la riche expression culturelle et artistique du théâtre.

Lors d'une représentation en direct, il est impossible de ne pas remarquer l'énergie qui règne dans la salle. En tant qu'interprète, Ludlum se distinguait des autres par son habileté à captiver le public avec ses intrigues complexes. Pour les lecteurs, Ludlum avait un style unique qui reflétait celui des artistes de scène. Une partie de son style consistait en ce que ses personnages n'étaient pas liés à la scène ; au lieu de cela, ils résidaient dans les livres sous la forme de figures vivantes, ce qui leur permettait de s'imprimer dans l'imagination des lecteurs.

Une grande partie de l'histoire de la vie de Ludlum provient de son côté théâtral, qui le distingue de tous les autres écrivains. Ces éléments lui ont permis de raconter des histoires qui évoquent de profonds sentiments d'amour et de douleur, et qui permettent aux lecteurs d'entrer en résonance avec le personnage qu'il dépeint à travers les mots. Les lecteurs sont enchantés par des productions théâtrales envoûtantes, et c'est ainsi que l'on peut facilement décrire ses romans. Mêlant tension dramatique, dramatisation psychologique et spectacle, Ludlum a intégré une part de chacun de ces éléments dans ses œuvres. Plutôt que d'être décrits comme de simples romans, ce sont des œuvres pleines de grandeur, qui emmènent les lecteurs dans un voyage où chaque page tournée est à la fois source de stress et de doux soulagement.

Pour Ludlum, combiner le théâtre et la littérature n'était pas simplement un choix stylistique, mais l'expression de son profond respect pour tous les arts. Le théâtre se trouve à l'intersection de la narration, et en fusionnant les deux, les récits de Ludlum ont atteint des sommets inégalés qui ont ancré son héritage dans la réussite littéraire. Sa remarquable articulation a cimenté un héritage qui perdure parmi les lecteurs et qui met en évidence la relation exquise entre le théâtre et la littérature.

3
L'histoire d'un soldat

L'impact de la Seconde Guerre mondiale sur l'écriture de Ludlum

Le prélude de la guerre : l'enrôlement et l'entraînement de Ludlum

Pendant la Seconde Guerre mondiale, Robert Ludlum, comme ses contemporains, ressent le besoin de s'engager dans les forces armées. Un fort sentiment de patriotisme l'a poussé à s'engager dans l'armée dès son plus jeune âge. Il l'a fait en réponse à ce qui semblait être une crise internationale aiguë. Cependant, il s'agissait d'une obligation profonde de « service » envers sa nation, en poursuivant une vie militaire et en écrivant plus tard sur ce sujet. En s'acquittant de cette obligation civile dans l'armée et en soutenant la démocratie de son pays, Ludlum avait une idée en tête qui était la seule source d'inspiration de sa décision : se forger un avenir en tant qu'écrivain. Son œuvre littéraire a mis en lumière cette motivation, révélant plus tard qu'il s'était engagé sans hésitation dans l'armée pour des raisons qui dépassaient le cadre des circonstances. À ce moment précis, l'Amérique se battait contre les Allemands et d'autres pays d'Europe et du Japon. Il s'est enrôlé pour se libérer des « puissances mondiales extrêmes et agressives ». C'est ainsi qu'il s'est engagé dans une lutte acharnée contre d'autres nations, qu'il a subi de graves persécutions et qu'il a détruit des territoires. Compte tenu de l'époque à laquelle il a vécu et des changements radicaux dont il a été témoin, il n'est pas étonnant que le monde l'ait autant attiré.

Survivre aux lignes de front : l'expérience de la guerre

La guerre a façonné la vie de Robert Ludlum à travers de nombreuses expériences, mais surtout à travers la façon dont il a réussi à surmonter les difficultés des lignes de front. Ludlum, qui a servi en tant que fantassin, a été exposé au chaos et aux dangers qui entourent les gens. Les émotions brutes qu'il a ressenties, comme la peur, le courage et le sacrifice, sont devenues la base sur laquelle il a construit ses histoires. Ces expériences de peur, de courage et de sacrifice ont non seulement influencé les thèmes de ses œuvres, mais aussi le développement de ses personnages, leur conférant un sentiment de réalisme et de profondeur. Les détonations incessantes de l'artillerie, l'odeur âcre de la poudre et la profonde tristesse de voir ses camarades souffrir de blessures ont laissé sur lui des effets durables qui se sont ensuite concrétisés dans ses œuvres de fiction. Au cours des dures épreuves de la guerre, Ludlum a pris conscience de la profondeur des traumatismes et de la résilience dont les gens font preuve au cours de leurs luttes.

Le bruit turbulent qui accompagne la guerre a donné lieu à de nombreuses histoires aux proportions légendaires et tragiques. Ce qui a le plus frappé Ludlum, c'est la façon dont les souffrances incessantes entre les conflits ont façonné sa réflexion sur la nature très ambiguë de l'héroïsme. Autour de lui, il a rencontré des exploits d'une conviction extraordinaire et des actes d'altruisme déconcertants qui dépassaient son entendement. Ces récits déchirants du meilleur et du pire de l'humanité ont mis en lumière la dualité de la guerre et construit l'essence des personnages de Ludlum, plus méfiants, impressionnistes et empreints de souffrance. La convergence de l'honneur, de l'amitié et de la perte — un concept qui résonnera tout au long de son œuvre — est ce que Ludlum a commencé à remarquer pendant les effusions de sang et les liens entre les soldats.

Les chansons sur la camaraderie et la perte sont profondément ancrées dans les souvenirs de Ludlum. Chaque histoire illustre les profondes amitiés que les soldats ont nouées au cours d'une épreuve commune. Le sentiment de fraternité semblait naître d'un pouvoir mystérieux qui les aidait à supporter les jours les plus sombres. Cependant, à côté de ces liens, se cachaient des élégies profondément douloureuses à la mémoire de compagnons d'armes qui n'étaient jamais revenus et qui se souvenaient de leurs noms dans un chagrin sans fin. Dans ses écrits, on devine qu'il a connu la guerre, mais qu'au milieu de la tendresse et de la loyauté farouche, il y a eu des pertes irrévocables ; cette réalité s'inscrit dans son texte avec une émotion vive, aiguisant la sincérité de la prose.

Frères d'armes : camaraderie et perte

Ludlum a partagé de profondes amitiés avec ses compagnons d'armes et a capturé la camaraderie unique qui naît de la guerre lors de sa capture pendant la Seconde Guerre mondiale. Ensemble, ils ont affronté les tempêtes incessantes des guerres et apprécié la commodité de la compagnie de l'autre. Ces frères d'armes se sont soutenus mutuellement, ont enduré triomphes et tragédies, ce qui a créé un profond sentiment d'unité mêlé au chaos. L'impact profond de la camaraderie pendant la guerre, la profondeur émotionnelle et la représentation des liens humains en temps de guerre sont des thèmes que Ludlum a commencé à comprendre pendant les effusions de sang et les liens entre les soldats. Ses vibrants souvenirs des héros disparus du monde entier l'ont aidé à apprécier la signification de la loyauté, du sacrifice et de l'amitié éternelle, qui sont devenus les thèmes de ses œuvres littéraires. Les impacts extrêmes de la vie militaire ont influencé son écriture, afin que les lecteurs puissent comprendre le lien de fraternité et le chagrin de perdre quelqu'un au combat. Grâce à ses descriptions vivantes et à ses récits poignants, Ludlum transmet l'impact profond de la camaraderie pendant la guerre, ainsi que la profondeur émotionnelle et la représentation des liens humains en temps de guerre.

Les défis d'un ancien soldat : l'adaptation à la vie civile

Ludlum a eu du mal à se réadapter à la vie civile après la guerre. Quelle que soit la structure du service militaire, la vie quotidienne semblait manquer d'ordre. L'absence de direction et de compagnonnage significatifs a plongé la plupart des soldats dans une profonde solitude, ajoutant à leur déconnexion et à leur détachement.

Une myriade de problèmes mentaux et émotionnels, tels que le syndrome de stress post-traumatique, les blessures de guerre et les souvenirs du combat, ont affecté les vétérans, leurs amis et leur famille. Tandis qu'ils tentaient de s'adapter à la vie normale, les conséquences psychologiques de leurs expériences militaires persistaient, compliquant leur réadaptation à la vie civile. L'ombre persistante de la mort de camarades est un fardeau dont il est difficile de se débarrasser.

De plus, des questions pratiques telles que l'emploi et les préoccupations financières ont posé d'énormes problèmes à de nombreux vétérans. L'adaptation de leurs compétences au monde du travail civil est difficile. Le manque de compréhension et de soutien de la part des civils ne fait qu'aggraver le sentiment de frustration et d'impuissance de nombreux vétérans.

Les expériences directes de Ludlum face à ces difficultés lors de son retour de la Seconde Guerre mondiale ont façonné son point de vue et se sont infiltrées dans ses œuvres. Ses difficultés de réinsertion sont apparues comme des problèmes complexes dans son expression littéraire et se sont révélées à travers des descriptions vivantes, mettant en évidence l'étendue de ses observations fines sur la condition humaine. Les difficultés d'adaptation à un monde si profondément modifié par la guerre sont mentionnées à plusieurs reprises dans les premières phases de sa fiction, marquant sa prose d'une rude authenticité.

Rétrospectivement, cette période difficile de réadaptation a insufflé à Ludlum une immense force mentale et cultivé une profonde compassion, ce qui a façonné son personnage multidimensionnel. Grâce à la narration, Ludlum a franchi le gouffre entre son passé déchiré par la guerre, son avenir incertain et une pléthore d'émotions, conférant à sa prose captivante le potentiel d'inspirer du réconfort à d'innombrables lecteurs. En racontant des histoires, il a atténué les profonds obstacles que l'on rencontre au cours du processus de guérison, ce qui a transformé l'ensemble du voyage pour lui et pour beaucoup d'autres personnes qui ont trouvé l'inspiration dans son œuvre.

Enseigner les idées à travers le conflit : les thèmes des premières œuvres

Entre les deux périodes de guerre, Ludlum semble avoir profondément changé. C'est ce que l'on observe dans ses écrits. Cela s'explique par le fait qu'il s'efforçait de se réintégrer à lui-même. Les contrôles et les équilibres ne semblaient pas lui apporter de réconfort, contrairement à la littérature. Par conséquent, on peut observer qu'il est à l'origine de conflits persistants. La trahison, la tromperie et l'établissement de contrats traditionnels remplaçant les relations entre gentils ont été des thèmes prédominants dans le conflit et la brutalité. Il est terrible de constater que les dommages causés par un conflit profondément enraciné ont incité les gens à penser à d'autres conflits encore. La guerre et la tromperie font partie du conflit. Dans sa littérature, Ludlum a saisi la profondeur du manque de confiance et la capacité de l'homme à aller à l'encontre de tous les codes éthiques. Un conflit durable. La tapisserie qu'il a tissée semblait très agréable à regarder, car elle contenait des éléments de conflit et une touche d'intelligence. Les yeux ont pu l'apprécier, mais en substance, il s'agissait d'une tromperie. La motivation de cette dernière était la loyauté envers le pseudonyme de l'auteur. Défier les normes en dit long sur la façon dont il traitait ses histoires et transformait ses contes de fées.

L'exploration des structures du pouvoir dans ses premières œuvres comme dans ses dernières semble refléter les conflits mondiaux de l'après-guerre. La prose de Ludlum a été élaborée en accordant une attention particulière aux souffrances et aux secrets militaires du monde, montrant la réalité des tensions géopolitiques habilement masquées sous les histoires palpitantes d'espionnage, de conflit et d'ambiguïté morale. Cela renforce la créativité de ces thèmes et la façon dont ils résonnent encore aujourd'hui, en montrant comment Ludlum capture avec compassion les conflits désillusionnés de l'après-guerre, tout en saisissant le mieux possible les vestiges de la guerre froide.

Par ailleurs, son œuvre est imprégnée des souvenirs des grandes guerres, et les portraits complexes des personnages qui tentent de se forger une identité tout en vivant dans le chaos du monde sont influencés par cette expérience. Les secrets qui se cachent derrière le monde faussement attrayant de l'espionnage sont devenus une lentille à travers laquelle presque tout est analysé, caractéristique d'une personne déterminée à explorer la vie après le conflit. Le monde de l'ombre, rempli de mouvements à couper le souffle dans ses œuvres – des agents doubles sournois aux conspirations qui changent le cours du monde, marque à jamais les livres à suspense.

Les ombres dans la littérature : portraits de l'espionnage et de la tromperie

Les œuvres de Ludlum résonnent des thèmes de l'espionnage et de la tromperie, créant un attrait mystificateur et captivant. Ces tropes, qui rappellent les opérations subversives en temps de guerre, ont été des éléments essentiels de l'écriture de Ludlum, fournissant un lien engageant avec le monde des opérations secrètes. En dotant ses personnages et ses agents de dispositifs d'espionnage sophistiqués, Ludlum crée des histoires captivantes, pleines de tromperies et de conflits subversifs, qui mettent en scène des adversaires habiles et des antagonistes insaisissables. Soutenues par les récits de ses années de renseignement militaire, ces représentations exsudent une authenticité vibrante, empreinte de l'esprit de cape et d'épée propre au genre. En s'appuyant sur l'impact indéniable de ses expériences en temps de guerre, Ludlum utilise habilement son passé pour créer de la tension et du suspense. Chaque trahison tisse un réseau complexe de tromperies et de subterfuges, transportant le public dans un monde où il y a plus que ce que l'on voit. L'étonnante capacité de Ludlum à dépeindre le monde de l'espionnage avec brio amène les lecteurs à se débattre avec l'incertitude désorientante et omniprésente qui accompagne la navigation dans les labyrinthes trompeurs aux côtés des personnages.

De plus, les fondements psychologiques de l'espionnage

ajoutent une sophistication complexe à ses histoires, un exploit réalisé par très peu d'auteurs et qui est plus profond que le divertissement lui-même. À travers le télescope de la littérature, il examine les limites éthiques de l'espionnage et juge avec une grande attention la moralité des personnes prises dans le monde dangereux de l'espionnage. Tout en invitant le public à pénétrer dans un monde plein de mensonges et de tromperies, il décrit les actions impitoyables des personnes impitoyables qu'il rencontre sur son chemin, un monde rempli d'histoires criminelles et de personnages aux motivations complexes et aux objectifs encore plus complexes. En cela, Ludlum a transformé à lui seul le genre de la fiction d'espionnage, en créant une nouvelle norme distincte, intensément saisissante, qui intrigue et captive le public.

L'art du suspense : s'inspirer des tactiques militaires

Les stratégies militaires ont inspiré Ludlum, lui fournissant les outils nécessaires pour construire des récits pleins de suspense. La guerre intègre à la fois une planification stratégique et une exécution précise, qui sont également présentes dans les intrigues de ses romans. Les généraux et les commandants sont des observateurs très attentifs des champs de bataille ; il en va de même pour Ludlum en ce qui concerne les histoires qu'il construit. Chaque séquence de ses récits est élaborée avec le plus grand soin. Cette prévoyance se retrouve dans l'action et dans les motivations soigneusement élaborées qui donnent du rythme et de la vraisemblance à l'action entreprise par les personnages.

En outre, l'étude psychologique des soldats et des guerriers a renforcé la tension psychologique dans l'œuvre de Ludlum. Cette tension naît de la force mentale et psychologique, mais aussi de la vulnérabilité des soldats lorsqu'ils sont en conflit. Le conflit personnel associé à la conviction extérieure du personnel militaire fournit une ressource utile pour créer des personnages multidimensionnels qui font face à des situations mettant leur vie en danger et qui manqueront pas d'attirer les lecteurs dans leurs luttes.

La demande de flexibilité et de rapidité d'esprit en temps de guerre a influencé la création de scénarios à fort enjeu, qui visent à immerger les lecteurs dans l'histoire et à les tenir en haleine.

La suspension du conflit armé et la nécessité d'une prise de décision instantanée se reflètent dans le rythme effréné et les rebondissements de ses histoires. Ludlum s'inspire ainsi de ces cadres pour ajouter un niveau de crédibilité supplémentaire à ses romans, enveloppant les lecteurs dans une tension intense et des surprises jusqu'aux derniers instants du livre.

La compréhension approfondie des détails les plus intimes de la bataille a également permis à Ludlum d'acquérir les compétences stratégiques nécessaires à l'élaboration de plans complexes et de récits trompeurs. Le thème sous-jacent des opérations secrètes d'espionnage se reflète dans les mouvements sophistiqués exécutés par les personnages principaux et leurs homologues, créant ainsi une course-poursuite mentalement stimulante qui fait appel à la créativité du public. Ludlum crée une atmosphère de profonde tromperie et de sophistication aiguisée dans ses récits en utilisant les manœuvres secrètes et les fausses pistes employées pendant la guerre.

Le talent exceptionnel de Ludlum réside dans l'intégration harmonieuse de la stratégie de guerre et de la vie personnelle. Cette approche permet non seulement de tenir le lecteur en haleine grâce à une action palpitante, mais aussi de présenter des situations émotionnellement complexes et des jeux d'esprit brillamment équilibrés.

Cicatrices invisibles : le fardeau psychologique de la guerre reflété par les personnages

Le traumatisme de la guerre est un sujet tabou dans l'œuvre de Ludlum, généralement présenté comme un sous-produit des faiblesses des personnages. Ayant lui-même participé à la Seconde Guerre mondiale, Ludlum a vécu le combat et a ensuite tenté de donner un sens aux répercussions complexes de ce dernier en dépeignant des antagonistes tout aussi complexes qui portaient le fardeau psychologique de la guerre. Ces souffrances profondes ont été habilement incorporées dans les histoires, offrant un aperçu de l'humanité en période de grand conflit.

Les personnages de Ludlum endurent les traumatismes liés à la guerre et illustrent le traumatisme de la psyché de l'individu façonné par le combat. Chaque personnage porte le traumatisme de sa situation et témoigne des conséquences durables des conflits sur l'être humain. En se débattant avec leurs dilemmes et leurs limites, ils ont dû transcender, gérer et contenir les dommages causés à leur corps et à leur esprit, saisissant ainsi la véritable signification de la compassion et la création habile et compatissante d'une humanité profondément blessée et attachée à l'adversité.

De plus, la tension mentale ne se limite pas aux personnages individuels. Leurs expériences personnelles infusent les thèmes de la trahison, de la paranoïa et de l'ambiguïté morale qui traversent le champ narratif de l'œuvre de Ludlum. La vie secrète des espions et tout ce qui est international deviennent le terrain de jeu de ces cicatrices invisibles. Cela fait avancer l'intrigue de manière palpable et apporte beaucoup de profondeur et de tension à l'histoire. Les lecteurs s'identifient à l'histoire grâce à l'authenticité et à la relativité de la lutte contre leurs démons tout en négociant un monde dangereux et constellé de conspirations.

En explorant la psychologie de l'impact de la guerre, Ludlum élève le genre du thriller au rang d'un genre qui requiert de la considération et de la sympathie. Son don pour tisser des scènes passionnantes et captivantes avec des discussions sensibles sur les traumatismes rend l'expérience de lecture plus agréable tout en informant le lecteur sur les côtés les plus sombres de l'humanité. Même avec des séquences passionnantes et des intrigues à fort enjeu, certaines vérités sur les conséquences de la guerre deviennent évidentes.

Déclencher une tension mondiale : une forme d'intrigue internationale

L'entrelacement des intrigues internationales et des expériences vécues par Ludlum a commencé pendant la période où l'armée exerçait son pouvoir sur lui, après la Seconde Guerre mondiale. Avec l'ascension et la chute des employeurs de Ludlum, tous les deux jours, leur compréhension de la tension mondiale et de la complexité politique n'a pas réussi à les étouffer, ce qui leur a permis d'incorporer cette tension dans leurs récits. Grâce à son observation et à ses recherches minutieuses, Ludlum espérait dépeindre le réseau complexe d'alliances, de rivalités et d'opérations secrètes de l'après-guerre. Sa représentation des différents contextes, de la dynamique des relations internationales volatiles entre les nations et des motivations des personnes a permis aux lecteurs de mieux comprendre la situation. Ludlum a également créé de nombreux personnages aux multiples facettes, issus de cultures et d'allégeances diverses, sans limites et avec délicatesse, ce qui lui a permis de toucher un large public. L'histoire de l'espionnage et de la géopolitique est le fruit de l'intersection de rancunes personnelles, de l'idéologie des uns et des autres et de luttes de pouvoir idéologiquement opposées. L'interaction des personnages dans leur contexte international a créé des « intrigues » pour encadrer des conflits multidimensionnels qui ont fait exploser en morceaux des histoires soigneusement décrites et ont mis en évidence les tactiques précises de Ludlum pour tisser des concepts internationaux par le biais de l'espionnage dans la fiction.

Ludlum a enrichi le genre du thriller en écrivant des romans à forte charge politique qui mêlent une imagination méticuleuse à des événements du monde réel. Ses romans sont un tissu de tensions géopolitiques s'inspirant de crises réelles pour façonner des histoires sinistrement prophétiques qui ont inspiré d'autres écrivains à utiliser la géopolitique dans leurs récits. En créant des crises internationales, Ludlum a suscité l'intérêt pour les affaires mondiales tout en se concentrant sur ses talents de conteur. Sa maîtrise de la fiction et l'assouplissement des frontières entre la géopolitique et l'art illustrent l'impact profond qu'il a eu sur la littérature moderne.

Épilogue de Warfare : souvenirs et faiblesse de la paix

Dans l'œuvre de Ludlum, qui a suivi les conflits de la Seconde Guerre mondiale, l'auteur s'est concentré sur les paradoxes des combats qui ont embrasé le monde. Son œuvre est centrée sur la fragilité de la paix et la vérité des combats. Ludlum dépeint différents personnages et tisse différentes intrigues qui capturent l'essence de la vie d'une personne et la juxtaposent aux relations internationales et à la guerre. Dans ses écrits, la fin de la guerre explore des pensées subtiles sur le traumatisme du bord extraordinaire de la guerre et les possibilités de réconciliation. L'espionnage et la politique internationale, ces récits abordent les dimensions psychologiques du combat et l'influence de la guerre sur la société. Ils témoignent de l'art remarquable de Ludlum de tisser des histoires. Des conditions de vie difficiles, marquées par la guerre et la méfiance de la société, inspirent des récits de résilience, de trahison et de conflit. Les personnages de Ludlum ont dépeint les conflits moraux dans l'espionnage qui se produisent en raison des circonstances qui encadrent les mensonges liquides dans le monde d'après une guerre, une œuvre merveilleuse qui a centré autour de l'apocalypse enveloppant différentes couleurs déclenchée par des forces qui auraient pu être écoutées. Les fantasmes les plus profonds de Mark, les principes les plus droits, n'ont donné naissance qu'à des cages de peinture. Ces thèmes qui bordent la même frontière ou paradigme évaluent le sacrifice, la loyauté et la trahison, qui s'épanouissent davantage en même temps que le conflit.

En tentant de maintenir la paix, Ludlum a souligné les difficultés réelles de maintenir l'ordre mondial en raison des clivages idéologiques et des conflits de pouvoir. Dans ses œuvres, il a présenté une multitude de points de vue qui ont contribué à la compréhension des motifs complexes qui régissent les relations internationales. En abordant les conséquences de la guerre, les récits de Ludlum ont été essentiels pour réfléchir aux conséquences du désordre mondial et à la nécessité de préserver la paix. En fin de compte, la conclusion de la guerre dans l'œuvre de Ludlum a servi d'affirmation éloquente de l'essence durable de l'humanité, offrant des contemplations sur le cœur fragile et résilient de l'être humain après la dévastation et le désir ultime de paix.

4
Succès des débuts

Le parcours d'un auteur publié à 44 ans

Préparer le terrain : processus préalables à l'écriture

D'après sa biographie, Ludlum a eu de nombreuses expériences professionnelles avant de devenir un auteur reconnu. Durant ses premières années, il a travaillé comme acteur et producteur et s'est même aventuré dans le monde du théâtre. Ces emplois lui ont permis d'acquérir des connaissances spectaculaires sur l'élaboration de structures dramatiques, le développement de personnages et la création d'un suspense fort au sein du public. Cela a permis à ses lecteurs de faire l'expérience de la tension choquante qui définira plus tard son œuvre.

L'écriture de scripts pour la radio lui a permis d'affiner sa compréhension des dialogues et du rythme, éléments fondamentaux pour des récits convaincants. Cette expérience lui a également appris à capter l'attention. Ses histoires, convaincantes sur le papier, nécessitaient une mise en scène approfondie. Ces facteurs ont contribué à son succès en tant que conteur, l'amenant à créer des romans puissants qui font écho au drame, à la tension et à des personnages inoubliables.

Le moment catalyseur : des transformations inspirées

On pourrait commencer à retracer le parcours d'un auteur débutant à partir du moment où son imagination s'enflamme, ouvrant la voie à de nouvelles idées et de nouveaux concepts. Dans la vie d'un auteur, ce moment d'inspiration soudaine qui déclenche le changement est connu sous le nom de « moment catalyseur ». Ce moment de la vie d'un auteur est très nuancé ; il provient de plusieurs souvenirs, réflexions personnelles et expériences qui aident l'auteur à atteindre le sommet de sa maîtrise artistique. Pour Robert Ludlum, ce tournant a découlé d'une consommation littéraire conséquente, d'expériences de vie et d'une détermination à mettre en valeur ses histoires.

Son amour profond pour les personnages complexes et les histoires captivantes a influencé le moment de la création de Ludlum. La lecture des œuvres d'auteurs éminents lui a permis de se nourrir et de se familiariser avec le monde de l'innovation, ce qui lui a permis d'expérimenter un changement de paradigme dans le genre du thriller. Le mélange d'espionnage et de suspense implacable a façonné sa détermination intérieure, le motivant à cultiver la capture de sa voix distinctive dans le paysage américain palpitant.

Les expériences et les aventures vécues par Ludlum ont inspiré son écriture et l'ont aidé à façonner sa prose authentique. Aujourd'hui encore, le déploiement des complexités internationales, l'obscurité des missions secrètes et les subtilités du comportement humain attendent d'être libérées et cultivées par son imagination, posée à côté d'un stylo.

Ce moment a également été une révélation personnelle pour Ludlum, qui a compris que ses talents de conteur pouvaient repousser les limites de la fiction à suspense. Son enthousiasme a été alimenté par cette prise de conscience, qui l'a motivé à poursuivre ses aspirations et à chercher à laisser un héritage durable dans le domaine de la fiction moderne à suspense.

La métamorphose de sa vision et de sa réflexion peut être liée au moment marquant qui a inspiré Ludlum. Grâce à l'association d'idées uniques, il a créé des intrigues et des personnages complexes, à plusieurs niveaux, avec des rebondissements choquants. Cela a non seulement changé le cours de la trajectoire narrative enviée des écrivains de bas niveau, mais l'a également transformée en chef-d'œuvre.

Au cœur de la vie de Robert Ludlum se trouve un moment catalyseur, cousu à son inspiration. Cette réalisation singulière illustre les effets considérables de l'inspiration, montrant comment une étincelle peut catalyser une série de transformations qui façonnent la vie d'un auteur et gravent son héritage dans les livres d'histoire.

L'élaboration du premier manuscrit : essais et triomphes

Pour Ludlum, le premier manuscrit était plus qu'un simple manuscrit ; c'était un voyage instructif et ardu, jalonné de luttes et de succès. Il s'est exercé à écrire vigoureusement pour créer un récit qui attirerait ensuite les lecteurs. Chaque personnage conçu au cours des innombrables heures passées à la machine à écrire était essentiel à son héritage littéraire, et avec chaque type de Ludlum, un monde était créé. Chaque rebondissement de l'intrigue et chaque arc de personnage exigeaient une perfection implacable, car il est évident que pour chaque auteur qui crée un monde littéraire riche, le processus est itératif. En témoignage de son dévouement, il n'est pas difficile d'imaginer un récit plein de promesses et de potentiel élaboré par Ludlum au milieu de tels défis.

Les obstacles rencontrés tout au long de cette phase ont mis à l'épreuve la détermination de Ludlum. Pendant les périodes d'autocritique et d'arrêt de la création, il a su rester attentif à ce qui l'entourait, ce qui l'a incité à aller de l'avant. Se forcer à récolter des résultats est une immense satisfaction, surtout lorsque les dernières phrases se concrétisent après des mois d'efforts acharnés et de passion sans fin.

Le nombre de modifications apportées au manuscrit montre à quel point Ludlum s'est investi dans son travail. Chaque page était le résultat de ses efforts incessants pour la rendre aussi bonne que possible. Malgré les difficultés rencontrées lors de la rédaction du premier manuscrit, Ludlum s'est avéré être un conteur solide, résistant même, et captivant, prêt à affronter le public mondial, et pas seulement en tant qu'écrivain en herbe.

Ludlum ne savait pas que ce premier essai allait faire entrer la littérature de suspense dans une toute nouvelle ère. Le premier manuscrit a précédé plusieurs succès qui ont façonné son identité en tant que grand nom du suspense et de l'espionnage, ainsi que les leçons et les compétences qu'il a acquises.

Naviguer dans le rejet : la persévérance face à l'adversité

Alors que Ludlum s'engageait dans la voie de la publication, il essuyait de nombreux refus de la part d'éditeurs et d'agents littéraires. Cependant, ces refus ne l'ont pas découragé. Au contraire, ils sont devenus le moteur de sa persévérance inébranlable dans la poursuite de sa passion pour la narration. Loin d'être décourageantes, les lettres de refus ont servi de critiques constructives pour affiner son art et renforcer sa détermination. Chaque refus est une occasion de réfléchir et de s'améliorer, une chance pour Ludlum d'apprendre et de grandir. C'est durant ces périodes difficiles que sa résilience et sa ténacité ont ouvert la voie à son succès final. Le processus de rejet a forgé son caractère, façonnant sa vision et son approche pour atteindre son objectif. Il a ainsi affiné ses compétences, peaufiné ses manuscrits et développé une meilleure compréhension de l'industrie de l'édition. Les leçons inestimables tirées de ces moments difficiles ont jeté les bases de ses futures réalisations et lui ont donné la force d'âme nécessaire pour relever les défis inhérents au monde littéraire. La capacité de Ludlum à persister face aux refus témoigne de la résilience dont doivent faire preuve les auteurs en herbe dans leur quête de publication. Son engagement inébranlable envers son métier et son refus de succomber au découragement constituent un exemple digne d'intérêt pour les écrivains émergents confrontés à des adversités similaires. Cette phase charnière de la carrière de Ludlum souligne l'importance de la persévérance et de la foi en sa vision créative, qui mènent finalement à l'accomplissement littéraire.

Trouver un allié littéraire : l'obtention d'un agent

L'obtention d'un agent littéraire est un rite de passage

dans la vie d'un auteur. Dans le cas de Robert Ludlum, sa foi indomptable en lui-même, malgré les nombreux refus essuyés, l'a encouragé à chercher un allié littéraire. Cette recherche d'un agent l'a amené à effectuer des recherches approfondies et minutieuses, à se constituer un réseau et à envoyer de nombreuses lettres de demande d'informations. Il était également important pour Ludlum de comprendre que trouver un agent ne se résumait pas à l'embarquer dans l'aventure. Le bon agent avait la capacité de devenir un associé qui l'aiderait à faire face au monde complexe de l'édition.

En se préparant à affronter des agents potentiels, Ludlum a veillé à ce que ses lettres de demande d'offre et ses propositions de livre mettent en évidence sa voix distincte et la viabilité commerciale de son œuvre. Il a étudié les contrats précédents de chaque agent et la liste des clients qu'ils représentaient. Cette approche illustrait ses efforts et sa compréhension du secteur, qui différaient de ceux des auteurs en quête de reconnaissance. L'esprit de Ludlum ne s'est pas découragé, même après avoir essuyé de nombreux refus. Il a considéré chaque refus comme une occasion de repenser son approche et d'affiner ses compétences.

Son travail a été validé lorsque plusieurs agents ont manifesté de l'intérêt pour ses romans. Il se réjouit de cette attention, mais tempère son enthousiasme en faisant preuve de prudence et de stratégie. Avec chaque partie intéressée, il a mené des conversations approfondies pour s'assurer que l'agent choisi ne ferait pas seulement confiance à son travail, mais qu'il aurait aussi le poids nécessaire pour le commercialiser dans le secteur très concurrentiel de l'édition. Cela a mis en évidence l'équilibre qu'un auteur et un agent doivent maintenir, ainsi que l'interdépendance de la confiance de l'agent dans le travail de l'auteur et de leur partenariat pour le succès de ce travail.

Avec le temps, il a commencé à faire confiance aux agents qui manifestaient un intérêt sincère pour ses romans. L'étape suivante consistait à croire que ces agents spécifiques agiraient dans son intérêt lorsque le marché le mettrait au défi. La collaboration avec cet agent a été une réussite majeure pour Ludlum, car elle lui a apporté l'aide dont il avait tant besoin pour élaborer des stratégies concernant ses demandes d'édition et pour surmonter les nombreux échecs qu'il a rencontrés dans la conclusion d'un contrat pour son premier livre. Ce partenariat a soutenu les efforts créatifs de Ludlum et lui a permis d'établir des relations synergiques potentielles qui le positionneraient en tant que maître du roman.

Percée de l'édition : Obtenir le premier contrat

Après avoir attiré l'attention d'un agent littéraire, Robert Ludlum a dû faire face à son plus grand défi en tant qu'auteur en herbe : obtenir son premier contrat d'édition. Il s'agit sans doute de l'étape la plus importante dans la transition entre le désir d'être un auteur et le fait de le devenir. Le processus de négociation et de conclusion du contrat d'édition a suscité une myriade de sentiments, oscillant entre l'anxiété et la joie pure. Une fois que l'agent littéraire a passé au crible les éditeurs potentiels et les a contactés au nom de Ludlum, la phase d'appel d'offres a commencé. Outre les avantages financiers, cette partie du processus impliquait également l'alignement de la vision et de la stratégie sur la maison d'édition concernée. Compte tenu des implications à long terme des négociations, une grande attention a été portée à l'établissement d'une relation auteur-éditeur. Les avances, les droits d'auteur, les paiements de droits et l'aide à la commercialisation ont tous été abordés lors de l'élaboration des détails de l'accord d'édition. Il était essentiel de trouver un terrain d'entente permettant à la créativité de Ludlum de s'épanouir tout en assurant le succès commercial de son œuvre. La réalisation de ces objectifs, ainsi que d'autres, a permis à Ludlum de signer un contrat avec l'éditeur de son choix, ce qui a marqué la grande étape de sa carrière.

Cette signature n'était pas seulement le signe de son talent, mais aussi le reflet de son travail acharné et de sa passion pour l'art. Le premier contrat d'édition a eu des répercussions sur la vie de Ludlum, tant sur le plan professionnel que personnel, lui donnant un nouveau sentiment de confiance et d'utilité. Cette réussite est révolutionnaire ; elle le satisfait au-delà de la littérature et ouvre la voie à d'autres réalisations littéraires. À partir de ce moment, une série d'événements s'est mise en branle et a fait de Ludlum l'un des écrivains les plus populaires de l'histoire.

Réception critique : l'accueil initial du public

Le premier roman de Robert Ludlum était très attendu et marqua le début d'une nouvelle ère littéraire. Lorsque les lecteurs ont eu accès aux premiers exemplaires, ils ont été choqués et pleins d'éloges, et c'était également le cas pour le roman de Ludlum. Ses critiques, ses lecteurs et d'autres écrivains ont salué son œuvre comme étant la meilleure dans le domaine du thriller. Il était le meilleur dans la fusion des affaires d'espionnage international, de l'action à haut régime et de l'analyse approfondie des personnages, et c'est pour cela qu'il est devenu célèbre dans le monde entier.

L'impact de Ludlum ne s'est pas limité à la littérature, car ses écrits ont suscité l'intérêt de personnes issues de nombreux autres domaines. Les discussions sur le roman ne se sont pas limitées aux débats académiques ; il est rapidement devenu un sujet de prédilection pour les clubs de lecture et les clients des cafés. L'importance du livre était évidente au vu de l'afflux de ventes, de la myriade de critiques positives et de l'engouement des gens qui l'ont propulsé sur les listes de best-sellers.

Dans le même temps, les critiques littéraires établis et les critiques de livres ont célébré le premier roman de Ludlum en raison de sa remarquable maîtrise du suspense, associée à une structure d'intrigue complexe et magistralement tissée. Alors que de nombreux magazines réputés décernaient des prix au livre, il était déjà évident que l'auteur avait combiné des histoires pleines de suspense et d'intelligence avec une action profonde et musclée. La gravité de l'impact du récit sur le monde littéraire a clairement montré que Ludlum était un maître conteur, capable de captiver les gens, quel que soit leur milieu politique ou social.

Certains des aspects les plus importants du roman sont les thèmes profonds incorporés dans les récits philosophiques, qui invitent les lecteurs à reconsidérer et à redéfinir leurs points de vue. Cela a permis à la fiction classique d'être dépassée, en renforçant la réflexion et l'introspection dans l'esprit de l'auteur.

Au fond, l'appréciation et la réception du premier roman de Robert Ludlum ont constitué une base solide pour le développement de sa carrière d'écrivain, laissant présager l'amour et l'appréciation de son œuvre qui sont venus plus tard. L'appréciation et la critique du public et des lecteurs ont fait de lui un narrateur brillant, ce qui l'a conduit sur une voie étonnante qui allait changer toute l'essence des livres de suspense.

Leçons apprises : réflexion sur la première aventure

Pour Ludlum, poursuivre le rêve de devenir un auteur publié à 44 ans a été l'occasion d'un itinéraire riche en enseignements. Dès la première vague d'éloges de la critique, il a pu mettre le doigt sur les rouages des leçons qu'il avait apprises. En pensant aux hauts exaltants et aux bas décourageants de la lutte pour obtenir la célébrité littéraire, Ludlum a réalisé qu'il y avait beaucoup de sagesse à tirer du succès de son premier roman. Sa première aventure dans le domaine complexe de l'édition lui a permis de tirer de nombreuses leçons professionnelles et personnelles qui allaient façonner ses futures entreprises littéraires.

L'une des leçons les plus importantes à tirer de ce premier triomphe est la compréhension du fait que la capacité à raconter une histoire est illimitée et ne connaît pas d'âge. Avec beaucoup de conviction, Ludlum a défié le stéréotype sans fondement selon lequel le succès dans le monde littéraire est réservé aux jeunes et aux inexpérimentés. Il a ainsi renforcé sa foi dans le pouvoir des bonnes histoires racontées avec talent. Ses efforts ont trouvé un écho dans tout le secteur, renforçant tous les auteurs en herbe qui souhaitaient briser les règles et remettre en question le statu quo.

Son premier pas dans le monde de la littérature publiée lui a rappelé l'importance de la persévérance et de la résilience face au rejet.

Bien qu'il ait reçu des remarques positives, Ludlum se souvient encore des moments difficiles où il a dû faire face à des refus méprisants. Ces moments ont renforcé sa détermination et sa conviction pragmatique quant à l'interaction entre son imagination et la réalité. Rétrospectivement, ces obstacles sont devenus des épreuves qui l'ont transformé en un auteur infatigable, capable d'endurer toutes les tempêtes littéraires.

Après sa première publication, Ludlum a également compris l'importance de nouer des amitiés dans l'industrie de l'édition. L'acquisition d'un agent littéraire a permis de certifier les intentions de l'auteur et de créer un partenariat durable, fondé sur la confiance, l'appréciation et des objectifs communs. Ce partenariat a incarné l'esprit de coopération dans le monde littéraire, renforçant la conviction que le monde de l'édition est autant une affaire de contacts que de compétences.

L'humilité transformatrice est un trait de caractère aimé par beaucoup et, en même temps, méprisé par d'autres. Pourtant, Ludlum avoue ouvertement l'aide que lui ont apportée des auteurs expérimentés au début de sa carrière. Leurs conseils ont donné naissance à une promesse sans fin d'apprendre et de progresser, ce qui en dit long sur la puissance du mentorat pour les écrivains émergents.

La contemplation de Ludlum souligne l'importance de l'équilibre, car il a dû gérer l'attention du public et la créativité qui accompagnent la reconnaissance littéraire.

Résumé de l'impact personnel et professionnel : un changement de cap

a validé ses années de dur labeur, mais il lui a aussi donné un sens de l'orientation. Sur le plan personnel, l'exploitation et la réalisation de rêves littéraires longtemps cachés lui ont permis d'affirmer la raison pour laquelle il croyait en lui. La reconnaissance lui a également permis de poursuivre de nouveaux rêves littéraires, et le succès lui a apporté une vigueur indéniable. Sur le plan professionnel, le passage du statut d'aspirant écrivain à celui d'auteur publié a fondamentalement changé son parcours.

D'un point de vue professionnel, le passage du statut d'aspirant écrivain à celui d'auteur publié a fondamentalement changé son parcours. Cela lui a offert de nouvelles opportunités, davantage de contacts et une plus grande importance au sein de la littérature. Ce succès a renforcé sa volonté d'aborder la littérature comme une profession et a accru son assiduité à développer des histoires et des personnages. L'argent gagné grâce à son premier succès a donné à Ludlum la liberté de poursuivre son travail créatif sans être lié par d'autres responsabilités. Cette liberté lui a permis d'améliorer ses compétences et de s'ouvrir à de nouvelles voies littéraires, ce qui a finalement préparé le terrain pour un succès continu et une prolifération dans les années qui ont suivi.

Le succès décisif de Ludlum a également eu un impact positif sur sa réputation et son estime de la part des experts de l'industrie comme de ses contemporains littéraires. Ce succès a encore renforcé sa stature dans le canon littéraire et a permis de mettre en place de futurs efforts, projets et initiatives communs. Grâce à ce succès, il est devenu une figure éminente du monde littéraire et il a utilisé son influence pour aider les écrivains émergents, contribuant ainsi de manière positive au monde littéraire. L'intégration des aspects personnels et professionnels a fait de la vie de

Ludlum une histoire de triomphe, de ténacité et de magie forgée à partir de mots tissés de part en part.

En d'autres termes, la victoire inaugurale de Robert Ludlum à l'âge de 44 ans a été d'une grande portée, dépassant les limites des prouesses littéraires. Elle a eu des conséquences à plus grande échelle, tant sur le plan personnel que professionnel, en lui donnant une raison d'être, une validation et l'envie de repousser les limites de la narration. Ce tournant a changé la vie de Ludlum et a marqué un point dans la littérature moderne, après quoi le domaine s'est ouvert à des personnes de tous horizons et les a motivées à écrire et à lire dans une quête sans fin de la beauté littéraire.

Poser les fondations : les fondements de la réussite future

Son premier ouvrage a été un succès et, grâce à ce point d'ancrage, il a créé de nouvelles opportunités. Un aperçu précis de la vision montre comment les décisions sont synchronisées et suscitent une vision d'ensemble. Ici, cela permet aux lecteurs de mieux comprendre les décisions et les actions à mettre en œuvre pour consolider ses fondations et assurer son succès continu en matière d'écriture.

1. Élargissement des horizons littéraires : le succès peut modifier la perception en créant un espace pour explorer de nouveaux genres et récits. Cela n'a pas seulement profité à sa créativité, mais a aussi permis à de nouveaux lecteurs

de lui donner une chance, créant ainsi une nouvelle base de lecteurs.

2. Alliances professionnelles : Ces liens sont nécessaires et doivent être cultivés délibérément, en raison de leur importance. Ludlum a rencontré un certain nombre de rédacteurs en chef, d'éditeurs et d'auteurs qui l'ont grandement aidé en le guidant et en l'encadrant, augmentant ainsi ses chances d'être reconnu dans le vaste monde littéraire.

3. Raffinement de l'art : Ludlum a consacré du temps à perfectionner ses techniques d'écriture afin d'aiguiser encore davantage ses capacités de conteur. Il a profondément intégré le développement des personnages, la construction de l'intrigue et les subtilités narratives afin de maîtriser l'écriture et de placer la barre plus haut pour ses prochaines œuvres.

4. Exploration des thèmes : Comprenant à quel point des thèmes puissants peuvent captiver les lecteurs, Ludlum a entrepris de découvrir des thèmes multidimensionnels liés à des questions sociales et à des problèmes humains permanents. Cette intense réflexion sur lui-même a permis d'approfondir la portée de ses récits et de créer un lien fort avec ses lecteurs.

5. Image de marque stratégique : pour construire une marque durable, Ludlum a mis au point une initiative stratégique qui associe son nom à un style et à une qualité spécifiques. Cette initiative lui a valu la ferveur des lecteurs et a attiré les adeptes de sa littérature. Elle est devenue la pierre angulaire de son succès, l'aidant à établir une iden-

tité de marque proactive.

6. Adaptation dynamique : en réponse à l'évolution constante du monde de l'édition et aux préférences des lecteurs, Ludlum a modifié son style narratif et ses stratégies marketing pour garantir sa pertinence au fil des changements. Cette approche flexible lui a permis d'asseoir sa notoriété en tant qu'auteur et de démontrer sa capacité à s'adapter au changement.

La combinaison de ces activités stratégiques, qui ont commencé immédiatement après le début de l'ouvrage, a permis de consolider les bases solides des futurs succès de Ludlum.

5
L'élaboration de conspirations

L'anatomie d'un thriller de Ludlum

Poser les bases : les éléments du suspense

Comme tous les maîtres du suspense, Ludlum crée de la tension grâce à diverses techniques. L'une de ces techniques, le rythme, est exceptionnellement habile. L'œuvre de Ludlum est connue pour alterner scènes de réflexion et séquences d'action, créant ainsi un changement émotionnel monumental qui tient en haleine les lecteurs. Outre le rythme, il contrôle également le flux d'informations. Dans les régions inspirantes du monde, il a su équilibrer la pièce et maintenir l'attention du public tout en lui donnant juste assez d'informations pour qu'il ne soit pas submergé. L'idée de contrôle, élaborée de manière experte, a été rendue possible grâce à une motivation intense et élaborée des personnages. Les protagonistes et les antagonistes de Ludlum ont des identités complexes et profondément enracinées qui augmentent la tension et l'incertitude entourant le récit.

Le risque de conflit dans le décor est tout aussi crucial pour la création du suspense. Les descriptions incroyables et presque poétiques que fait Ludlum des différentes cultures du monde servent de toile de fond à l'histoire, mais contribuent également à faire du cadre une partie intégrante de l'évolution de l'intrigue. La narration habile de Ludlum et les descriptions dramatiques et vivantes de l'intrigue invitent les lecteurs à un suspense exponentiel. Des euphémismes et des phrases intelligentes déguisées alimentent les œuvres de Ludlum, mais l'auteur ne vise pas l'objectif de la dissonance cognitive, dans laquelle les lecteurs sont forcés de ne jamais mettre un point final à quoi que ce soit et de toujours se poser des questions.

Enfin, Ludlum a manipulé les relations de pouvoir et de trahison autour du destin de ses personnages, rassemblant ces fils pour construire un labyrinthe géopolitique moralement déroutant et plein d'intrigues, qui a captivé ses lecteurs. En capitalisant sans effort sur ces aspects sous-jacents, Ludlum a créé des histoires débordant de suspense, modifiant de façon permanente le monde des thrillers.

Des récits trompeurs : équilibrer complexité et clarté

L'écriture de thrillers psychologiques requiert des compétences particulières en matière d'élaboration de récits astucieux, car il n'est pas simple de captiver les lecteurs dans un monde où la réalité et la tromperie vont de pair. En examinant cet art, il devient de plus en plus évident que l'un des meilleurs éléments de l'œuvre de Ludlum est l'équilibre entre la complexité et la clarté de ses récits. Les intrigues complexes qu'il crée sont construites de telle sorte qu'elles doivent trouver un équilibre délicat entre profondeur et simplicité pour que le public puisse s'engager plus profondément dans un réseau énigmatique sans se perdre. Pour parvenir à cet équilibre, il faut une bonne compréhension du rythme, des révélations et de l'utilisation de faux-fuyants pour créer un environnement de suspense qui a du sens. En étudiant ces techniques, nous pouvons constater qu'il superpose méticuleusement des indices déroutants, de la désinformation et des révélations choquantes dans chaque roman. Chaque aspect alambiqué de l'intrigue est soigneusement tissé ensemble et au bon moment, s'entrecroisant pour révéler des liens étonnants et des révélations stupéfiantes. Dans cette incroyable supercherie, Ludlum va au-delà des artifices superficiels de l'intrigue et en fait le thème principal, avec les émotions qui le sous-tendent. Des personnages aux décors narratifs en passant par le cœur même de l'histoire, une épaisse couche de tromperie imprègne les récits de Ludlum, vous faisant ressentir à la fois extase et anxiété.

Il a réaffirmé son point de vue, s'appuyant sur les compétences de Ludlum en matière de tissage pour expliquer comment et pourquoi il aborde la complexité à l'endroit et au moment où il le fait, en gardant le public stimulé et en lui donnant un sentiment de puissance au fur et à mesure que sa compréhension de l'ensemble s'affermit. Cette manifestation de l'interaction entre la vision bloquée et la lumière représente le génie de Ludlum de bout en bout, car c'est dans son orientation vers une lumière métamorphique que l'illusion et le brouillard d'un monde déconcertant conduisent le lecteur au repos, et que ses pensées s'assemblent. Parallèlement à ces éléments de fiction arrondis, Ludlum joue astucieusement avec des questions fondamentales telles que la méfiance et la trahison, ainsi qu'avec l'impuissance de l'humanité. Non seulement ses vignettes de tromperie sont agréables à regarder, mais elles reflètent également notre vision à la fois plurielle et blasée de la tromperie, tant au niveau sociétal qu'individuel. Vivace dans ses récits, il renverse l'idée même du conte et transforme sa création en un ensemble de réflexions sur la vie, la nature, la vérité et le sort de l'humanité. Ce qui reste de la construction profonde de « l'enlèvement », du vide ou du « néant » est le chef-d'œuvre d'un stratagème et d'une tromperie conceptuelle. Ces énigmes tourmentent les secrets disséqués de la réalité qui se cache derrière la satisfaction.

Les toiles de personnages : l'élaboration de relations complexes

Ce qui rend les thrillers de Robert Ludlum profondément fascinants, ce sont les relations multidimensionnelles entre ses personnages. Les héros et les méchants sont enchevêtrés dans un réseau de motivations, de relations et d'objectifs contradictoires, créant ainsi un récit complexe et réaliste qui fait monter le suspense.

L'un des éléments essentiels de l'établissement de relations complexes réside dans la création de personnages aux multiples facettes. Dans l'univers de Ludlum, chaque personnage a des faiblesses, des forces et des personnalités intéressantes qui se créent et se façonnent mutuellement. Qu'il s'agisse d'un agent de renseignement de l'ombre ou d'un mystérieux courtier, chaque personnage fait partie d'une toile et ajoute à la complexité du réseau d'intrigues et de contre-intrigues.

La complexité de ces relations va au-delà des amis et des ennemis. Il a façonné pour ses personnages un paysage moralement flou, rempli d'amitiés superficielles, de trahisons et d'énigmes morales, ce qui le rend profondément captivant. Cela rend le récit encore plus complexe, mais ajoute un nouveau défi pour les lecteurs en ce qui concerne la compréhension du personnage.

L'agencement relatif de ces réalités soigneusement élaborées dans son récit sert deux objectifs : premièrement, il semble apporter un élément de suspense et faire avancer l'histoire de manière à ce que les personnages aient à atteindre différents objectifs. En même temps, ils sont liés par leurs alliances. Deuxièmement, il propose un examen anthropologique et psychologique de la confiance, de la loyauté et de la trahison à l'échelle verticale dans le cadre de plans politiques et d'espionnage sophistiqués.

De plus, grâce au mariage d'intrigues distinctes qui s'entremêlent dans ses histoires, Ludlum incarne le caractère de la guerre psychologique qui n'est pas uniquement traditionnelle. La triste réalité de nombreuses personnes impliquées dans des affaires d'espionnage et de guerre secrète est l'habileté des personnages à manipuler, à mentir et à créer des liens superficiels.

Quoi qu'il en soit, la conception réfléchie des interactions entre les personnages dans les thrillers de Ludlum marque la compétence exceptionnelle d'un auteur qui construit un bazar de vies qui s'entrecroisent. Ainsi, les lecteurs plongent dans une réalité où les relations entre les personnes sont aussi essentielles que l'action et l'intrigue à plusieurs niveaux qui les lient.

Le cadre comme catalyseur : aventures de globe-trotter

Dans les thrillers de Ludlum, les paysages servent de lieux d'action aux côtés des personnages. Ils deviennent alors un catalyseur propulsif pour les aventures de ce héros. Chaque lieu, qu'il s'agisse de Paris avec ses rues bondées ou de pays asiatiques aux paysages magnifiques, est spécifiquement choisi pour créer le plus de suspense possible. Le décor devient alors une forme de structure pour l'histoire proprement dite. Les personnages doivent entrer et sortir du danger, et l'histoire est racontée à l'intérieur de ces limites. C'est de l'art et de l'excellence.

Dans ses autres œuvres, chaque lieu, comme le labyrinthe de rues en Turquie ou les salles somptueuses de l'un des casinos les plus célèbres de Monaco, est consciemment choisi ; les lieux ne sont donc pas aléatoires, ce qui va dans le sens de l'ossature même de l'histoire. Le cadre est si transformateur qu'il décrit et dépeint de manière vivante les circonstances de l'espionnage, du terrorisme, de la guerre civile et des conflits internationaux, offrant ainsi une toile au lecteur.

Les interactions entre les personnages, entre eux et avec leur environnement, ne cessent d'accroître la tension et le sentiment de menace. La combinaison de scènes calmes et rurales avec des arrière-plans urbains animés est particulièrement frappante et contribue à la construction de l'histoire. Cette attention portée aux détails transforme ces décors de simples lieux en participants actifs qui façonnent le destin des héros.

D'autres lieux ont une fonction différente pour Ludlum : ils mettent en lumière la façon dont les gens réagissent différemment à des environnements différents. Qu'il s'agisse de déserts vides et arides ou de stations balnéaires luxueuses, les décors obligent les gens à évoluer et mettent en évidence les multiples facettes de la nature humaine. Par ailleurs, la combinaison de différents lieux souligne la portée des intrigues et des batailles, ce qui rend la prémisse du roman encore plus impressionnante.

Dans les thrillers de Ludlum, le reste du monde devient accessible aux personnages et aux lecteurs grâce à des lieux soigneusement choisis. Ces lieux sont la base de conflits, de poursuites à couper le souffle et de rebondissements choquants qui transforment sa prose en littérature à couper le souffle, ce qui explique pourquoi son nom est devenu synonyme de ce genre littéraire.

Psychologie de la méfiance : la nature humaine dans les thrillers

Les romans de Ludlum s'articulent autour de l'étude approfondie du comportement humain, en particulier des subtilités de la psychologie de la méfiance. L'intrigue est généralement centrée sur l'idée fondamentale que la confiance est une monnaie fragile et que la tromperie est monnaie courante. Ludlum élabore des récits qui décrivent la lutte des êtres humains contre leurs peurs et leurs soupçons les plus profonds et les plus sombres, en particulier à une époque de conspirations et de paranoïa aux enjeux considérables. Ces personnages sont dépeints de manière à représenter toute la palette de la méfiance dans la vie réelle et dans la société.

Dans ces thrillers, les conflits de pouvoir et de contrôle sont étroitement intégrés aux problèmes émotionnels des personnages, ce qui crée du suspense. Les conflits de loyauté, les histoires de couverture et les antinomies de la moralité ont en commun d'être une manifestation intériorisée de la nature humaine. Cette enquête flagrante sur l'action humaine fascine le public et fournit des contre-arguments pour déduire les notions de confiance, de trahison et de réalité.

Le traitement par Ludlum de la guerre psychologique, de la manipulation et de l'exploitation froide des faiblesses oblige le public à réfléchir aux caractéristiques les plus sinistres des êtres humains. Grâce à ces éléments, Ludlum confère à ses récits un caractère plus dramatique et suscite des réactions émotionnelles plus fortes de la part de son public, renforçant ainsi le sentiment d'insécurité qui imprègne son univers de fiction captivant et effrayant.

Tout au long du récit, les lecteurs sont confrontés à des scénarios profonds et représentatifs de la nature délicate des relations de confiance et des systèmes sociaux au sens large. Le réalisme psychologique et la profondeur émotionnelle de la méfiance de Ludlum atteignent des complexités inégalées et nous poussent à réfléchir à la fragilité de la confiance et aux facteurs externes qui influencent les choix individuels.

Comme nous l'avons démontré dans les chapitres précédents, la représentation de la méfiance dans les thrillers de Ludlum remet en question les normes de la fiction à suspense conventionnelle. La méfiance est intégrée au récit, guidant les lecteurs dans un labyrinthe complexe de l'esprit humain entrecoupé d'éléments puissants d'intrigues internationales et de trahisons féroces.

Un rythme parfait : maintenir l'élan et la tension

La création d'un thriller de Ludlum est un processus magistral et nuancé. La technique rythmique unique de Ludlum, qui établit un équilibre parfait entre l'intrigue et le suspense, est un élément clé. Cette technique, qui consiste à placer stratégiquement les événements et à les faire se dérouler progressivement, permet de maintenir le lecteur en haleine.

Ludlum construit des séquences d'action et de tension puissantes pour atteindre un rythme parfait, suivies d'une prose plus calme, introspective ou axée sur le développement des personnages. Chaque vague d'intensité est précédée d'une occasion de se détendre et de se préparer psychologiquement à la suivante. Cette approche rythmique de la narration transforme l'expérience de lecture en quelque chose d'apaisant tout en créant du suspense.

Les détails importants de l'intrigue et les motivations des personnages sont également dissimulés pour accroître l'anticipation et l'intérêt du lecteur. En divulguant des informations importantes au bon moment, Ludlum relie les sous-intrigues et les arcs des personnages afin de maintenir l'intérêt du public tout au long de l'histoire. Chaque sous-élément du cadre du roman renforce le rythme général et l'engagement nécessaire du public.

Les éléments mentionnés dans le texte, Ludlum est connu pour incorporer stratégiquement des rebondissements, des échecs évités de justesse et des changements dans la narration afin de maintenir la tension du suspense. Cette synchronisation experte éclipse tout sentiment de détente que le lecteur pourrait ressentir et augmente la tension, poussant l'intrigue vers l'avant avec vigueur. Chaque rebondissement met en évidence la maîtrise de Ludlum dans l'art du suspense et lui permet de maintenir l'élan saisissant de ses thrillers.

De plus, l'intégration de plusieurs intrigues présente des avantages et améliore le rythme d'un thriller de Ludlum. Le mélange et la fusion de différentes intrigues offrent au lecteur un filet de suspense multidimensionnel qui ne cesse de croître jusqu'à ce qu'il atteigne son apogée. Cela permet au public de s'impliquer dans le mélange d'événements et de personnages tout en formant une progression symphonique d'intrigues pleines de suspense, ce qui garantit un rythme constamment palpitant jusqu'à la dernière page.

En conclusion, l'attention délibérée portée aux détails du rythme de chacun des thrillers de Ludlum est la preuve de sa maîtrise du maintien de la tension et de l'élan. En mêlant des événements terribles et des révélations cruciales, les romans de Ludlum ne manqueront pas de susciter l'intérêt et de laisser un impact durable sur les lecteurs du monde entier.

Les rebondissements : la maîtrise de l'effet de surprise

Dans un thriller de Ludlum, il faut maîtriser l'élément de surprise en élaborant un rebondissement convaincant et efficace. Le lecteur est profondément plongé dans une histoire de tromperie et de complexité, de sorte que la surprise doit lui être étrangère et aller à l'encontre de ses perceptions et de ses attentes. En attirant l'attention du lecteur, ces rebondissements servent de points d'ancrage pour remodeler l'histoire et lui apporter de nouveaux niveaux de tension et de complexité. Les maîtres de cet art doivent d'abord s'asseoir et réfléchir métaphoriquement et méticuleusement à quelques facteurs.

La prémisse repose sur l'intégration de l'existence à l'intérieur, qui est une préfiguration dans le contexte, laissant les lecteurs confus et stupéfaits devant l'esprit et l'habileté de l'auteur. Les estimations et les allusions contribuent à créer un sentiment de fatalité et à faire en sorte que les lecteurs s'émerveillent de l'excellence de l'œuvre. L'intégration du rebondissement dans l'intrigue doit être suffisamment fluide pour que le lecteur n'ait pas à faire appel à son imagination.

Dans le même ordre d'idées, il est également essentiel de noter le moment de la révélation. Un rebondissement bien conçu bouleverse l'ordre attendu des événements, donne l'impression d'un changement de paradigme et résonne avec les émotions du lecteur. Plus l'impact du rebondissement est important, par exemple lors d'un moment de conflit ou de suspense, plus l'expérience de lecture est agréable.

La complexité du rebondissement lui-même est tout aussi importante pour capter l'attention du public. Un rebondissement qui remplit son rôle doit comporter plusieurs couches et plusieurs facettes, et remettre en question les perceptions et les hypothèses. En effet, à mesure que les lecteurs retranchent des couches, ils doivent reconstruire leurs idées sur les personnages et les événements de l'histoire, ce qui les immerge profondément dans le récit.

Ce qui se passe après le rebondissement est tout aussi important. Un rebondissement bien mené aura des répercussions sur les actions suivantes, modifiant inévitablement les relations entre les personnages et orientant l'intrigue vers des résultats imprévisibles. Cette suite intensifie la tension narrative, créant un sentiment d'imprévisibilité qui tient le lecteur en haleine.

Pour préserver l'effet de surprise, l'auteur doit trouver

le juste équilibre entre la dissimulation et la révélation. C'est là que réside le véritable talent : construire une série complexe d'événements cachés, qui se révèlent ensuite de manière magistrale et incontrôlée. C'est ce qui rend les thrillers de Ludlum différents et époustouflants pour les lecteurs du monde entier.

L'intrigue au-delà des pages : créer une expérience cinématographique

Pour créer un thriller à la manière de Ludlum, il faut se rappeler qu'il ne s'agit pas seulement de captiver le lecteur, mais aussi de fusionner les domaines de la fiction et du cinéma. La narration de Ludlum est un phénomène à la fois complexe et magnifique, et le passage des mots à l'image sert de catalyseur à une telle expérience. Le lecteur ne se contente pas d'entendre, il visualise également l'ensemble de la scène, captivé en parallèle pendant les différentes étapes de la narration. Chaque scène méticuleusement élaborée par Ludlum est un chef-d'œuvre en soi, à tel point que sa lecture vous transportera sans aucun doute dans l'univers du roman. Chaque décor, des rues grouillantes d'une ville européenne au calme mortel d'une négociation tendue, est décrit avec tant de détails qu'il vous plonge dans un univers mystérieux, plein d'épreuves et de suspense. Le déplacement des événements cruciaux de l'intrigue et des actions décisives dans ces décors permet de passer en douceur de l'exposition à l'action, comme dans un scénario de film.

Les personnages des romans de Ludlum sont généralement plus grands que nature. Chacun d'entre eux possède un charme étonnant qui persiste même au-delà des pages. Son habile caractérisation anime les acteurs de ses thrillers et leur donne dimension et complexité, leur permettant de sortir des pages et d'entrer dans l'imaginaire cinématographique collectif. Les interactions sont plus que de simples dialogues ; ce sont des échanges puissants, chargés de tension, d'émotions, voire de sous-entendus, qui donnent au lecteur l'impression de faire partie du film. En d'autres termes, le monde vivant et captivant créé par Ludlum démontre qu'il comprend le véritable pouvoir d'une histoire en dehors du texte écrit. C'est ce mélange de créativité cinématographique et de talent littéraire qui fait que ses romans se distinguent et surpassent toutes les autres œuvres de fiction, les plaçant sur un piédestal où il n'y a pas de distinction entre les films et les romans.

Dialogues de la tromperie : Des conversations qui dissimulent

Comme dans tous les thrillers de Ludlum, les dialogues sont au cœur de la tromperie et de l'intrigue. Les conversations ne sont pas un simple échange entre deux personnages, mais un moyen de dissimuler des motifs, de raconter des mensonges et d'induire en erreur des personnes influentes et des partisans. L'élaboration d'un dialogue de tromperie consiste en une combinaison de mots, de pauses et de gestes qui produisent de l'anxiété et de la méfiance.

Les dialogues de Ludlum sont riches en doubles sens : ce qui n'est pas dit semble bien plus important que ce qui est formulé. Les personnages se livrent à ce que l'on peut décrire comme de l'escrime verbale : ils utilisent des pièges sociolinguistiques subtils et font semblant d'éprouver des sentiments pour modifier la perception de leurs motivations et de leurs intentions. La présence de stratégies franches et secrètes dans les dialogues enrichit l'histoire et la rend plus complexe et intrigante. Dans ces conversations, les personnages se révèlent de manière profondément complexe et contradictoire.

Les dialogues fonctionnent à deux niveaux, dont l'un est celui de la fausse piste. Ils peuvent cacher des détails importants qui requièrent une attention soutenue, tout en incluant des informations vitales entre des conversations non critiques. L'insertion d'allusions obscures et de propos grossiers dans les conversations invite le lecteur à douter de ce qui est dit et reflète les mensonges qui dominent toutes les œuvres de Ludlum.

Les alliances peuvent changer, tout comme les loyautés sophistiquées, ce qui modifie la dynamique des personnages. Ce sont les motivations qui régissent le déroulement des dialogues. Ludlum capture les échanges qui incarnent ces changements dans un flux de conflit multidirectionnel, où chaque interaction représente une explosion d'anxiété. Chaque conversation devient un stratagème complexe mis en œuvre par diverses motivations qui peuvent complètement modeler l'histoire.

Dans les stratégies de tromperie, les dialogues servent de moteur à l'intrigue, mais révèlent également la nature du réseau dans lequel toutes les intrigues et les actions secrètes s'entrelacent. La nature trompeuse des dialogues place le lecteur dans un monde où chaque détail est obscurci et l'incite à se placer au cœur de l'action pour démêler le vrai du faux et expliquer les subtilités trompeuses de la narration dans toutes les histoires à suspense de Ludlum.

Nuanced Endings : L'art d'une conclusion satisfaisante

L'univers complexe des thrillers de Ludlum met en évidence sa maîtrise artistique de la création d'une conclusion satisfaisante, en soulignant l'attention qu'il y accorde. Le dénouement marque la fin d'un voyage, tant pour les personnages que pour les lecteurs : il englobe un sentiment de résolution et de satisfaction. Une fin est nuancée non seulement lorsque les derniers détails sont réglés, mais aussi lorsqu'elle fait résonance avec la profondeur thématique et le poids émotionnel établis dans le récit.

Le savoir-faire de Ludlum en matière de narration est illustré par sa capacité à contredire les attentes sans rompre l'intégrité de l'histoire. Il est courant qu'une résolution satisfaisante comporte une solution qui contredit et remanie l'ensemble de la trame. Avec un seul indice, cette partie est devenue bien plus qu'une simple réponse. L'approche contre-intuitive aide les lecteurs à remettre en question la série d'événements précédant le point culminant et à savourer la merveille que constitue la conception de l'histoire.

Les bonnes conclusions reflètent également les thèmes de l'histoire, en lui donnant une fin dramatique. De même, Ludlum utilise les mécanismes du symbolisme et de la métaphore dans une fin à plusieurs niveaux qui vise à guider les lecteurs vers une appréciation plus profonde des problèmes philosophiques et éthiques du récit. Il maîtrise parfaitement la tension entre la clôture et l'intérêt non résolu, ce qui permet aux lecteurs de se reposer tout en réfléchissant profondément à l'œuvre qu'il leur a présentée.

L'excitation d'un roman de Ludlum provient exclusivement de la libération émotionnelle du public à la toute fin. Chaque arc narratif est cousu dans un tableau poignant, aussi complet que possible, évoquant des émotions allant de la nostalgie douce-amère à la joie triomphante. Ce réseau de conclusions crée une tapisserie émotionnelle qui persiste même lorsque le livre est fermé et doit être posé pour de bon.

La capacité à fournir une conclusion satisfaisante est une forme d'art qui va au-delà du simple fait de recoller les morceaux. C'est la réponse à ce que le lecteur a vécu et qui l'a si bien captivé et interpellé. Cette raison confère et confirme le titre de « maître » à Ludlum, qui a su intégrer le suspense, l'émotion, les thèmes élaborés et la clôture thématique dans un seul texte. Il a réussi à toucher le cœur et l'esprit du lecteur, ce qui prouve qu'on se souviendra toujours de lui comme du plus grand dans son domaine.

6

La naissance de Jason Bourne

Redéfinir le genre de l'espionnage

Prologue à une nouvelle ère : l'inspiration derrière Bourne

Jason Bourne, le personnage créé par Robert Ludlum, est le modèle même du protagoniste énigmatique. Cependant, il n'est pas simplement sorti de l'esprit de l'auteur : il porte la marque indéniable d'une vie complexe. Le Jason

Bourne aux multiples facettes est issu d'un monde politiquement turbulent et quelque peu secret que Ludlum a connu grâce à son expérience dans le domaine du renseignement militaire et à sa fascination compulsive pour le comportement humain. La conception du personnage est enracinée dans la fascination durable de l'auteur pour la façon dont les gens font face à l'imprévisibilité. La vie de Ludlum en témoigne clairement. La philosophie personnelle de Ludlum et sa capacité à manœuvrer efficacement au sein de systèmes complexes ont peut-être donné de la profondeur et du réalisme à Bourne, lui permettant de ne pas être un personnage d'espionnage de fiction. On est enclin à penser qu'en incarnant Bourne, Ludlum a essayé de dépeindre ce qu'il considère comme un libérateur contemporain, une figure puissante de bravoure et de force face à des situations qui mettent la vie en danger. La complexité de Bourne est étonnante, car il représente un mélange saisissant de conflit interne et de quête éternelle de la vérité, deux facettes de la nature humaine qui ne peuvent être saisies qu'à l'aide d'armes à feu.

Ainsi, le charme envoûtant de Bourne provient de son caractère attachant, combiné à la description astucieuse de la nature humaine par Ludlum, ce qui donne une personnalité qui dépasse la description standard d'un protagoniste de roman d'espionnage.

Ludlum fournit de faibles traces des traits de caractère de Bourne, sans doute à partir des bulles de personnages qu'il a dû rencontrer dans son travail d'infiltration, ce qui rend Bourne plus complexe et plus authentique. La combinaison de la vie de Francis et de son talent naturel pour raconter des histoires captivantes a donné naissance à un personnage dont l'esprit mystificateur était destiné à changer le visage du genre de l'espionnage et à envoûter le monde.

L'élaboration de l'agent indétectable : développement du personnage

La création de Bourne a été un processus méticuleux et axé sur les détails, qui a obligé Ludlum à plonger profondément dans la psyché du personnage. Le développement de ce protagoniste dramatique a nécessité une analyse psychologique approfondie, l'application de véritables stratégies d'espionnage et une connaissance approfondie de l'état de la violence dans le monde. C'est ce souci du détail qui confère à Bourne sa profondeur et sa complexité, et fait de lui bien plus qu'un simple personnage d'espion.

L'approche de Ludlum en matière de développement de personnages est unique, car il cherche à briser les normes de l'espion typique. Bourne n'était pas un espion comme les autres, mais un agent invisible, entouré de mystère, mais indéniablement humain au fond de lui. L'auteur s'est attaché à explorer des questions complexes telles que l'identité, la mémoire et l'ambiguïté morale, plutôt que l'image simpliste du héros en détresse souvent associée aux espions.

Grâce à des recherches approfondies et à son expérience personnelle, Ludlum a créé en Bourne un personnage qui n'est pas une simple figure d'action hollywoodienne, mais un personnage crédible et sympathique, doté d'une chair, d'os et d'émotions réels. Le profil multidimensionnel de Bourne, avec son histoire d'amnésie, ses aptitudes au combat, ses capacités de polyglotte et même ses traits d'agent double, a fait de lui un personnage auquel les lecteurs pouvaient vraiment s'attacher.

La description complexe des conflits intérieurs et des problèmes moraux de Bourne a fait tomber les murs du personnage de l'espion, le rendant plus crédible. En révélant l'agonie qu'il s'inflige et la lutte existentielle qu'il mène pour s'identifier, Ludlum a eu l'intelligence de présenter le personnage comme une représentation de l'espoir et de l'humanité, alors qu'il est plongé dans une guerre géopolitique dévastatrice.

Les complexités du personnage de Bourne ont été parfaitement intégrées dans le cadre de l'histoire, ce qui témoigne de l'attachement de l'auteur à la précision et à la crédibilité. L'engagement de Ludlum à développer un antagoniste profond et multidimensionnel va bien au-delà des simples caractéristiques et traits de surface. Il s'est efforcé de comprendre un individu profondément affecté par les agences gouvernementales fantômes, l'espionnage international et un lourd passé personnel.

La création du personnage de Jason Bourne témoigne du talent incroyable de Ludlum et de son habileté à développer des personnages. Son travail a non seulement modifié les normes et les perceptions existantes du personnage d'un espion, mais il a également transformé l'approche de la création de personnages au sein même du genre. Le personnage de Bourne, avec sa profondeur et sa complexité, a établi une nouvelle norme pour la littérature d'espionnage.

L'art linguistique : l'élaboration d'une narration complexe

La construction d'une histoire complexe dans le genre de l'espionnage exige du suspense, de l'intrigue et une attention méticuleuse aux détails. En ce qui concerne les origines de Jason Bourne, Robert Ludlum avait déjà perfectionné ce que j'appellerais « l'art du langage » pour ses lecteurs, et le monde de l'espionnage a complètement changé. Les déclarations sur son art sont souvent bordées par la question difficile de savoir d'où vient l'énorme complexité des récits, qui combinent le récit décousu de plusieurs histoires, toutes pleines de tensions et d'une gamme détestable de rebondissements sans fin. L'imagerie et les expressions figuratives ont permis d'emmener le public dans un domaine où règnent les affaires secrètes, les manœuvres politiques et un haut degré de violence dissimulée.

L'art de Ludlum ne se limite pas à celui d'un simple conteur. Il comprend l'agencement habile d'allusions obliques, de personnages étranges et d'intrigues à plusieurs niveaux, qui se fondent harmonieusement comme une œuvre d'art et servent un seul et même objectif : le mystère. Avec ses mots bien choisis et sa prose fluide, il évoque une atmosphère de profonde suspicion et la remplit de la complexité croissante du monde d'ombre de ses protagonistes.

Par ailleurs, la création d'une histoire complexe va au-delà du rythme narratif. L'utilisation par Ludlum de préfigurations, d'intrigues parallèles et même de lignes temporelles non linéaires dissimule l'issue des événements, créant ainsi un élément de surprise et de suspense. Maître du suspense, Ludlum tisse soigneusement la tension et révèle habilement des détails importants au milieu du danger et de l'action rapide.

Il faut également prêter attention aux subtilités des personnages au sein de l'intrigue. Les personnages multidimensionnels de Ludlum influencent grandement l'intrigue de ses histoires. En donnant à ses héros et à ses méchants une profondeur psychologique, une ambiguïté morale et une tendresse douloureuse, Ludlum transforme une histoire d'espionnage en un simple récit de mystère et de suspense, et en un discours évocateur sur l'humanité et l'impact des poursuites secrètes.

En bref, le talent de conteur de Robert Ludlum brille par son art inégalé de la construction d'un récit complexe, ce qui confirme l'impact de ses mots dans la littérature d'espionnage. Grâce à la combinaison habile d'un langage vivant, d'un agencement minutieux, d'une élaboration nuancée des personnages et d'une définition puissante, Ludlum a posé les jalons d'une fiction d'espionnage qui existe encore aujourd'hui dans le domaine des thrillers littéraires.

L'influence de la guerre froide : un réalisme dans l'espionnage

La guerre froide et, plus important encore, ses tactiques d'espionnage ont eu un impact sur la culture, la politique et la littérature dans le monde entier. Jason Bourne est apparu dans un contexte où le monde tentait encore de faire face aux effets de la guerre froide. À cette époque, l'espionnage et la tromperie étaient les marques de fabrique de la réalité et Robert Ludlum, comme tout le monde, était conscient de cette réalité. Lorsqu'elles sont imprégnées de la dynamique de la guerre froide, les œuvres de l'époque de Ludlum présentent des romans pleins d'intrigues. Ludlum s'est appuyé de manière créative sur les activités secrètes rendues possibles par la tension entre deux nations puissantes, donnant à son public un sentiment d'authenticité à travers sa littérature. Sa superbe maîtrise des détails granuleux et de la réalité sociopolitique a rendu cela possible, ce qui a donné naissance à une nouvelle ère d'histoires d'espionnage sophistiquées, élaborées sans beauté ni glamour. Pour toutes ces raisons, les histoires d'espionnage se sont enrichies de problèmes de confiance, d'échanges de secrets, de changements de loyauté et de bien d'autres choses encore qui ont rendu le monde intéressant. La peur, la suspicion et la méfiance engendrées par la guerre froide sont le pinceau que Robert Ludlum a utilisé pour décrire les relations internationales et le peu de moralité, d'éthique et d'humanité qui existent dans le monde.

Chaque étape de l'histoire de Bourne englobe ce qui est peut-être la racine la plus fondamentale de l'espionnage et des thrillers d'espionnage : le conflit moral du protagoniste. De même, les romans de Ludlum portent la marque de la guerre froide, résumant les peurs et les angoisses qui ont longtemps affligé la psyché du monde. De plus, le réalisme de l'histoire offrait aux lecteurs un monde différent dont la magie résidait dans les coulisses de la diplomatie, et non dans les aventures comme dans les récits de fiction fantastique. Cette crédibilité distinguait la narration de Ludlum du reste du genre fantastique rempli d'aventures ; c'était le cœur du réalisme qu'il injectait dans ses récits. En se penchant sur l'impact durable de la guerre froide, Ludlum s'est fait connaître et discret en tant que maître dans le paysage de la fiction d'espionnage. Au sommet de sa carrière, Ludlum s'est imposé comme le père de la littérature d'espionnage, établissant une corrélation entre le mélange obsolète des affaires secrètes et la littérature contemporaine dans The Cold War Influence : Un réalisme dans l'espionnage.

Complexité psychologique : la double identité de Jason Bourne

Le personnage de Jason Bourne, créé par Robert Ludlum, se démarque par l'étonnante complexité psychologique qui caractérise sa double identité. La vie du personnage avant et après Bourne est en contradiction l'une avec l'autre en raison de l'amnésie dont il est victime, ce qui se traduit par une identité qui s'oppose aux normes quintessentielles du roman d'espionnage. Les complications de la mémoire, associées à son habileté et à sa connaissance de certains phénomènes sans raisonnement, deviennent écrasantes dans une lutte pour maintenir son identité, induisant une réflexion et un conflit à multiples facettes. Cette étude aborde de nombreux aspects de la psychologie, et le protagoniste incarne de manière frappante l'archétype du super-opérateur. Le récit captivant invite le public à rejoindre le protagoniste sur les montagnes russes de la réalisation de soi, intensifiées par la juxtaposition entre les talents fournis et les souvenirs perdus.

La dualité de Bourne est représentative de la désintégration sociale dont souffrent de nombreuses sociétés, et témoigne de l'effort que chacun d'entre nous fait pour donner un sens à ce qui s'est passé dans le passé et à ce qui se passe dans le présent. Les conflits internes de Bourne servent de base aux autres histoires d'espionnage qui suivront, chacune d'entre elles étant dotée d'une profondeur psychologique combinée à de l'action. En incorporant un savoir-faire à plusieurs niveaux et un flux tragique dans la description du personnage de Bourne à travers l'œuvre de Ludlum, nous pouvons comprendre comment la dichotomie entre la réalité et la fiction d'action contemporaine ouvre la voie à un élément psychologique dans le monde des histoires d'espionnage.

Par conséquent, l'identité variable de Jason Bourne devient un élément central de la redéfinition du récit d'espionnage et de terrorisme, et accentue son importance dramatique et littéraire.

Innovation narrative : techniques de narration non linéaire

L'utilisation audacieuse par Ludlum de techniques de narration non linéaires pour dépeindre les épreuves et les triomphes de Jason Bourne constitue un bond palpitant dans l'évolution des récits. Grâce à l'innovation de Ludlum, les auteurs ne sont plus liés par la progression linéaire des événements ; le temps devient un outil malléable. La vie de Bourne, un puzzle qui attend d'être résolu, est construite au moyen de flashbacks audacieux et d'une narration complexe et désordonnée, créant ainsi un récit qui tient le lecteur en haleine.

Le mélange d'adrénaline et de suspense continue à se déployer au fur et à mesure que l'histoire progresse, menant vers une cible invisible. Les conflits sous-jacents et les multiples mystères qui se chevauchent engloutissent la vie de Bourne, ne lui laissant que de vagues souvenirs de sa réalité. Les vies complexes tissées par Ludlum rendent l'histoire étrange captivante. La trame de l'histoire, élaborée à l'aide de squelettes non linéaires, évoque un sentiment de clarté et de compréhension au milieu d'une complexité trompeuse. Cette narration dynamique aide le lecteur à reconstituer les moments épars de l'intrigue, ce qui lui permet d'approfondir sa compréhension et lui procure un sentiment de plénitude intellectuelle.

À l'instar d'un dramaturge habile qui dirige des scènes sur une scène, Ludlum utilise la structure non linéaire du récit comme une grande composition de révélations et de dissimulations, soulignant le suspense et la tension au cœur de la narration. Le mélange de différentes chronologies et de différents points de vue enrichit considérablement l'expérience de lecture et témoigne de l'habileté de Ludlum à gérer les intrigues complexes qui caractérisent les thrillers d'espionnage. Cette expérimentation narrative audacieuse a révolutionné les auteurs suivants en ouvrant la voie aux techniques narratives non linéaires dans les romans d'espionnage, marquant ainsi un changement dans les paradigmes de la créativité littéraire. L'identité de Bourne captive non seulement les lecteurs, mais elle laisse également un impact durable sur le genre de la fiction d'espionnage. Elle a influencé une multitude d'auteurs désireux d'imiter le mélange parfait de Ludlum entre l'action à haut régime et la créativité narrative.

Cette maîtrise de la narration sans limites lui permet d'explorer sans limites les profondeurs de l'histoire captivante de Bourne. Cette stratégie illustre les nuances de la métamorphose de Bourne tout en conduisant le public à travers le paysage émotionnel de ses forces, de ses faiblesses et de ses changements, approfondissant ainsi le lien entre les lecteurs et le protagoniste. En incorporant le passé et le présent, Ludlum amplifie le poids émotionnel de l'histoire tout en garantissant la pérennité de la saga de Jason Bourne comme un brillant exemple de l'art de la narration non linéaire.

Début de la publication : réception et analyse critique

La publication de « The Bourne Identity » en 1980 a marqué les débuts de Robert Ludlum dans le genre du roman d'espionnage. Il a introduit une nouvelle race de thrillers d'espionnage littéraires, dans lesquels l'identité du protagoniste est constamment menacée. Ce récit a trouvé un écho profond auprès des lecteurs et des critiques, ce qui a valu à Ludlum d'être largement acclamé. La réception rapide du roman, la maîtrise de l'intrigue et les éléments d'un réalisme saisissant sont sans précédent. Les critiques ont salué la capacité de Ludlum à trouver un équilibre entre le développement des personnages et une action à couper le souffle, établissant ainsi une nouvelle norme dans le domaine de la fiction d'espionnage.

L'analyse de « L'identité de Bourne » n'a pas seulement

célébré la créativité narrative de Ludlum. Son œuvre a été largement appréciée pour ses caractéristiques graphiques, qui ont attiré l'attention des chercheurs et des analystes. La complexité qui entoure Jason Bourne est surprenante, car il est régi par un dualisme apparent dans sa personnalité, combiné à une élasticité morale.

Le style de prose discontinu adopté par Ludlum a reçu beaucoup d'attention de la part des lecteurs captivés par les thrillers.

Dans des contextes non littéraires, L'identité Bourne a connu un succès monumental, bouleversant l'opinion publique et méritant des éloges, tout en s'imposant comme un classique éternel. Le public a été captivé par la tension inquiétante et la complexité de l'intrigue, confirmant la place de Jason Bourne en tant que personnalité centrale de la culture populaire. Son succès généralisé a marqué à jamais l'histoire de la littérature d'espionnage, ouvrant la voie à une nouvelle vague et à une multitude d'auteurs désireux de reproduire le mélange parfait d'action et de créativité narrative de Ludlum. L'« Identité de Bourne » ne captive pas seulement les lecteurs, elle laisse aussi un impact durable sur la culture populaire, faisant de Jason Bourne un nom connu dans le monde entier.

Les effets de « L'identité de Bourne » étaient différents de ceux des autres livres et ont ouvert des possibilités infinies d'interprétation visuelle. Les réactions phénoménales suscitées par le livre ont jeté les bases d'une adaptation cinématographique réussie, qui a donné naissance à une saga de films à succès, faisant de Jason Bourne un nom connu dans le monde entier. Le passage sans effort d'un livre à un film est la preuve de bien des choses, en particulier de la magie de Ludlum en matière de narration et de l'attrait durable de son personnage.

En résumé, le lancement de « L'identité Bourne » a marqué le début d'un phénomène littéraire nouveau et fascinant que les gens du monde entier continuent de adorer. La réception et la critique du roman ont contribué à consolider la position de Robert Ludlum en tant qu'icône littéraire, et ont changé à jamais le paradigme de la fiction d'espionnage, influençant profondément à la fois la littérature et le cinéma.

Adaptation aux médias visuels : le cinéma et la télévision

Le passage de Jason Bourne des romans de Robert Ludlum au cinéma a marqué un changement radical dans le domaine de l'espionnage cinématographique. La première fois que le personnage a pris vie à l'écran, la manière de réaliser des films d'espionnage à suspense a changé, ce qui a transformé non seulement la manière d'adapter les livres au cinéma, mais aussi la manière de traiter les protagonistes complexes et conflictuels. « L'identité de Bourne », sorti en 2002, a été réalisé par Doug Liman et mettait en scène Matt Damon dans le rôle de l'agent titulaire. Le public était habitué à une combinaison d'action et de romance, mais dans ce film, les gens ont été surpris par le réalisme grinçant et viscéral qui accompagnait les scènes d'action impressionnantes. Cela a donné lieu à une nouvelle façon de dépeindre les espions, en éliminant l'aspect charmant qui leur était associé. Ce film constitue l'apogée des films d'espionnage américains durs et rudes. Il a ouvert la voie à des suites, chacune explorant de plus en plus le passé énigmatique du personnage. Peu à peu, au fil des suites, l'impact de Jason Bourne s'est fait sentir non seulement dans les films d'espionnage, mais aussi dans presque tous les films d'action. Son impact s'est manifesté par la recréation de séries légendaires et par l'apparition de héros profonds, compliqués et cyniques.

L'adaptation télévisée de la série Bourne a encore renforcé sa pertinence culturelle tout en améliorant sa capacité à disséquer les aspects les plus sombres de l'esprit de Bourne et de ses relations avec le monde. Elle a également permis de créer de nouveaux récits qui complètent l'intrigue des livres. Ces supports visuels ont profondément démontré les éléments de la crise d'identité, de la paranoïa et des effets des actions secrètes. Le succès retentissant de Jason Bourne a suscité l'intérêt de l'Amérique pour le personnage, faisant de lui l'un des héros de la culture pop du monde occidental. Les adaptations ont également créé une nouvelle approche des récits d'espionnage, plus réels et plus crus. Ces changements ont transformé les attentes du public et ont donné naissance à une nouvelle ère de fiction d'espionnage. En fait, le passage du personnage du roman à l'écran a modifié à jamais l'image de l'espion dans le monde moderne, ce qui a eu un impact sur le cinéma et la télévision d'aujourd'hui.

Perturbation du marché : l'influence sur les romans d'espionnage contemporains

La destruction que le personnage de Jason Bourne a infligée aux romans d'espionnage contemporains est incommensurable. Robert Ludlum a eu l'idée de Jason Bourne et a révolutionné les romans d'espionnage en introduisant ce personnage fictif. Les romans ont établi une norme de réalisme implacable en matière de fiction sur l'espionnage et ont établi un nouveau paradigme durable. La représentation du squelette dans des produits livrables pleins d'action a créé une figure emblématique et transformatrice de la fiction d'espionnage. L'immense renommée de la série Bourne a entraîné l'apparition d'une foule d'écrivains désireux de créer quelque chose d'unique, un véritable coup de maître réalisé par Ludlum. L'arrivée de ces écrivains a donné du relief, de la profondeur et de la sophistication à un genre déjà exigeant et a également resserré les vis de la littérature contemporaine.

À mesure que le livre approchait de son point culminant, il est devenu de plus en plus évident que les romans d'espionnage suivant la série Bourne s'orientaient vers le réalisme psychologique, la complexité et la description de personnages, présentant un paradigme stimulant du comportement antisocial. Les gens ont commencé à prêter plus d'attention aux détails. C'était l'époque. Les auteurs sont devenus plus audacieux en incluant des histoires d'espionnage dans des politiques profondément enracinées et des conspirations qui se cachent à chaque coin de rue. C'est là une rupture brutale avec la narration de la plupart des romans d'espionnage, où tout est raconté de manière logique et où une myriade de personnages enrichissent les drames, transcendent les stéréotypes dans la caractérisation et posent des questions intelligentes et à multiples facettes obscurcies.

L'influence de Jason Bourne ne se limite pas à la littérature, elle s'étend également à la culture populaire en raison de son impact durable. Son œuvre a suscité un regain d'intérêt pour le monde des espions et de l'action secrète, ce qui a donné lieu à des films, des émissions de télévision et des jeux vidéo centrés sur ces thèmes. Avec un tel attrait et une telle influence, il est devenu plus facile de considérer Bourne comme un géant de l'espionnage, tant dans la littérature que dans le cinéma.

Aujourd'hui, les auteurs de romans d'espionnage n'ont pas encore assimilé l'héritage de Bourne et sont déterminés à raconter de nouvelles histoires captivantes qui rendent hommage à l'œuvre de Ludlum. Le monde de l'espionnage continue de susciter l'intérêt chez les lecteurs, et l'absence de Bourne se manifeste dans chaque intrigue bien ficelée et dans chaque personnage énigmatique et ambigu. L'ombre captivante de Jason Bourne nous rappelle son importance et son impact significatif sur le monde de la fiction d'espionnage.

Une évolution continue : l'héritage de Jason Bourne dans la littérature

L'héritage du personnage de Jason Bourne est toujours d'actualité dans les romans d'espionnage. Son influence profondément ancrée peut être observée dans les intrigues complexes et introspectives des romans d'espionnage modernes, ainsi que dans le développement du caractère de leurs protagonistes. L'approche à multiples facettes adoptée par Ludlum pour faire de Bourne un protagoniste complexe et moralement ambigu sert de modèle à la littérature d'espionnage moderne.

Les auteurs suivants ont abordé les thèmes de l'identité, de l'anti-héroïsme, de la trahison et de la frontière ténue qui sépare la bravoure de la méchanceté, dans le but de rendre Bourne aussi attrayant que possible. Ces concepts ne font que renforcer l'importance et la pertinence de la création de Ludlum, « Bourne ». La combinaison de l'intelligence stratégique de Bourne et de l'action viscérale et sans retenue a établi une nouvelle norme en matière d'authenticité et d'intensité dans la représentation des activités d'espionnage.

Le développement du personnage de Jason Bourne marque le passage d'une simple imitation de style ou de thèmes à une forme d'innovation. Le personnage de

Bourne est devenu un archétype dans le domaine de la fiction d'espionnage, ce qui indique une acceptation croissante des protagonistes complexes, tant intérieurement qu'émotionnellement, et profondément conflictuels. En permettant la déconstruction de la représentation archétypale de l'espion comme héros rigide, Bourne a facilité l'examen de la condition humaine dans des contextes politiques et économiques mondiaux sophistiqués.

Par ailleurs, l'expansion incessante de la franchise Bourne sur différents supports visuels a consolidé son héritage littéraire et séduit des groupes d'âge et des régions variés. La transformation des œuvres de Ludlum en films et séries brillants a non seulement popularisé Bourne, mais en a également fait un personnage emblématique de la culture moderne, initiant ainsi le progrès de la fiction d'espionnage.

En fin de compte, l'évolution de l'héritage de Jason Bourne dans la littérature illustre l'impact continu de l'œuvre de Ludlum. Qu'il s'agisse de repousser les limites du monde de l'espionnage ou d'encourager une nouvelle génération d'auteurs compétents, l'effet de Bourne sera toujours présent. Alors que les romans d'espionnage modernes continuent de relever les défis du monde contemporain, Jason Bourne reste un personnage représentatif de la nature profonde et changeante de ce domaine.

7

Les thèmes de la confiance et de la trahison

L'exploration de la nature humaine par Ludlum

La confiance et la trahison dans les récits de Ludlum

Robert Ludlum, figure exceptionnelle du thriller d'espionnage, a toujours réussi à divertir les lecteurs tout en les impliquant dans des batailles de tromperie et de loyauté, en incorporant de manière vivante des éléments de confiance et de trahison dans ses récits. Dans ses œuvres, les multiples aspects de la confiance et de la trahison fonctionnent comme de puissantes variables thématiques qui reflètent la nature humaine dans le contexte historique de la guerre froide. En tant que conteur accompli, Ludlum tente de démêler le concept de confiance en plaçant le personnage dans un réseau d'allégeances dangereuses à la morale ambiguë. Ces conflits conduisent à l'élaboration de récits qui ne sont pas seulement divertissants, mais aussi profondément évocateurs. La distillation de la confiance reste le thème central qui personnalise de nombreux individus, contrairement à la trahison dans leurs relations. En explorant ces thèmes, le lecteur peut aborder de nombreux sujets, notamment la nature de la trahison, de la confiance et du cercle infini d'interconnexion entre les deux. En tentant d'explorer ces expériences humaines profondes, Ludlum ne cherche pas seulement à divertir, mais aussi à stimuler la réflexion personnelle. Il démontre ainsi sa maîtrise du conflit durable entre la confiance et la trahison.

Contexte historique : les thèmes de la confiance ancrés dans les tensions de la guerre froide

Les histoires de Ludlum se déroulent dans un contexte marqué par le stress immense de la guerre froide, une époque de conflits et de luttes entre superpuissances. Avec la menace d'une destruction nucléaire imminente constamment présente en arrière-plan, les concepts de confiance et de trahison ont pris de l'importance. Les superpuissances et leurs agences de renseignement étaient impliquées dans un jeu d'espionnage complexe, ce qui a fait de la trahison et de la loyauté des thèmes centraux dans les œuvres de Ludlum. Cette période de l'histoire a été marquée par une suspicion générale et la tromperie s'est fondue dans l'essence de ses récits. Cela a développé l'ambiguïté morale et la tromperie complexe au cœur de ses personnages et de ses intrigues.

Cette atmosphère internationale de méfiance et d'espionnage a ainsi servi de terreau fertile à Ludlum pour dépeindre la confiance et la trahison. Les trahisons et les activités d'espionnage se sont multipliées, rendant la confiance plus difficile que jamais. L'essence de la paranoïa qui dominait les gens pendant la guerre froide imprègne les récits de Ludlum, où ses personnages sont confrontés à un monde où les allégeances sont dissimulées. Qu'elle soit personnelle ou politique, la trahison a façonné une facette essentielle de l'existence moderne, et Ludlum a capturé ce doute essentiel à travers ses récits de conspirations et d'espionnage.

Les romans internationaux de Ludlum, captivés par la guerre froide, ont précisément alimenté les conflits internationaux en élargissant le champ des différentes régions et cultures. La fluidité des relations complexes a toujours été la base de la géopolitique et de la confiance compétitive gagnée par la manipulation politique. Des salles de réunion brumeuses de Washington aux avenues déconcertantes de Berlin, les personnages de Ludlum sont empêtrés dans des intrigues complexes et des allégeances indéterminées, reflétant le réalisme instable de la politique internationale pendant la guerre froide.

À cette époque de tromperie, Ludlum a créé des personnages qui représentent la lutte pour la confiance et la vérité. La complexité de leurs luttes illustre les problèmes éthiques auxquels les peuples et les nations sont confrontés à une époque gouvernée par des ruses subversives et des motivations inavouées. À travers l'histoire complexe de la guerre froide, Ludlum a pu raconter des histoires d'espionnage captivantes tout en examinant les profondeurs de l'humanité et le conflit permanent entre la trahison et la loyauté.

Développement des personnages : héros, anti-héros et traîtres

Dans une histoire, les personnages et les scandales semblent aller de pair. En passant, il est facile de ne pas voir les subtilités tissées dans la trame, mais en y regardant de plus près, on découvre des toiles alambiquées de trahison, de tromperie et de confiance insondable tricotées de manière complexe. Les personnages de Ludlum, avec leurs personnalités à plusieurs niveaux et leur double morale, ne sont pas seulement des héros ou des méchants, mais un mélange complexe des deux, obligeant les lecteurs à s'engager dans leurs récits complexes.

Ludlum va encore plus loin dans cette affaire et brouille la frontière entre la trahison et la confiance, la faisant passer pour une force tout à fait opposée. À première vue, il peut sembler que les « héros » et les « méchants » n'existent pas sur les différents piédestaux définis par les limites de leurs homologues respectifs, mais ils sont présents dans les deux parties.

Cette approche permet à Ludlum de créer des doubles standards moraux dans ses histoires, qui obligent les lecteurs à se laisser porter par des personnages aux multiples facettes. Grâce à des métaphores puissantes, le paradoxe du choix est bercé dans les limites formées par le syndrome d'une boussole morale, où la zone remplie de frontières floues avec le monde devient apparente.

Pour résumer de manière réfléchie l'essence de la trahison, de la confiance et de la vulnérabilité humaine, ses anti-héros sans précédent s'intéressent à des phénomènes qui semblent presque trop familiers et qui brouillent les frontières naturelles de la moralité en dissimulant des guerres de dépendance, de liberté et de contrôle. À travers leurs luttes et leurs dilemmes éthiques, les personnages de Ludlum mettent en avant la vulnérabilité humaine et la frontière ténue entre la confiance et la trahison, ce qui permet au lecteur de s'identifier à eux et de ressentir de l'empathie.

Les trahisons manifestes et nuancées que ces personnages commettent permettent à Ludlum d'observer le fossé qui sépare l'illusion de la réalité, en brisant la confiance que les autres personnages et les lecteurs placent en eux. Ludlum va encore plus loin dans l'art de la narration courageuse en créant des personnages dont les motivations et les allégeances sont trop insaisissables, ce qui contribue à renforcer le sentiment de suspense qui caractérise ses œuvres. La dualité remarquable des héros flirtant avec les ténèbres et des traîtres dissimulant des qualités rédemptrices renforce le brio de Ludlum dans l'esquisse de personnages complexes qui mettent en lumière la question de la confiance et de la trahison. En exposant les profondeurs de la morale de ses personnages, il ne fait pas que tracer la ligne entre l'héroïsme et la méchanceté, mais il sert également la machinerie complexe que l'on appelle la nature humaine. Avec la multitude de personnages de ses histoires, Ludlum explore les profondeurs de la confiance et de la trahison, tout en créant des personnages inégalables et toujours captivants, qui ont marqué les générations successives.

Dynamique interpersonnelle : l'équilibre délicat de la confiance

Les thèmes de la confiance et de la trahison sont primordiaux dans les œuvres de Ludlum. Les relations interpersonnelles sont l'essence même de ses œuvres, et il crée tout un éventail de relations entre les personnages qui reposent sur le réseau complexe de la confiance. En un sens, la confiance est toujours fragile, et l'évolution des relations humaines est constamment en train de se produire. Les personnages de l'univers de Ludlum sont entourés de loyautés conflictuelles et d'allégeances incertaines, avec des relations en constante évolution, où chaque choix a le potentiel de changer l'échelle de la confiance et de la trahison.

L'équilibre et la lutte entre la confiance et la suspicion sont au cœur des dynamiques interpersonnelles. Un cas exemplaire de la façon dont un simple acte peut être trompeur : Ludlum dépeint une confiance gagnée, puis brisée en l'espace de quelques secondes par un petit acte de tromperie ou par des soupçons nourris qui se transforment en une loyauté évidente. La confiance fonctionne par flux et reflux. La réalité de chaque personnage semble étrange, mais leur existence est tellement logique pour les lecteurs, car chaque personnage est le pilier qui soutient la haute structure de tension et de déséquilibre.

La confiance englobe des réseaux de pouvoir encore plus vastes qui constituent un équilibre délicat. Par exemple, dans l'univers de Ludlum, les organes politiques, les services de renseignement et les institutions secrètes fonctionnent dans un environnement d'accumulation de confiance et de trahison systémique, tout aussi volatile que la géopolitique du monde réel. Ludlum utilise l'interaction entre la confiance et la trahison pour explorer la fragilité des alliances et les luttes de pouvoir mondiales qui en découlent.

Parallèlement, les relations interpersonnelles montrent non seulement les aspects extérieurs de la confiance, mais aussi l'agitation intérieure du conflit qui habite les protagonistes et les antagonistes. Comme l'illustrent nombre de ses personnages, les êtres humains peuvent déclencher en eux une bataille intérieure qui a souvent des conséquences tragiques, liées à la confiance et à la trahison, ou à l'éthique prise en sandwich entre des décisions complexes. Cet aspect donne de la profondeur à la façon dont Ludlum raconte une histoire, en faisant en sorte que la confiance et la trahison soient plus que de simples instruments de l'intrigue, mais plutôt profondément ancrées dans la condition humaine.

Fondamentalement, l'étude de Ludlum sur le facteur confiance dans les relations va au-delà de la représentation simpliste de la confiance, de la trahison et des alliances. Elle examine les aspects complexes des interactions humaines, avec les défis éthiques associés aux attachements opposés et à la nature de la confiance, à la fois mécanisme de protection et point de faiblesse. En examinant plus avant les tapisseries narratives élaborées par Ludlum, il apparaît clairement que l'évolution de la confiance et de la trahison reste un élément clé définissant le rythme cardiaque de ses récits immortels.

Structures narratives : les rebondissements de l'intrigue, miroirs de la nature humaine

Les rebondissements dans les œuvres de Ludlum sont le reflet des complexités humaines de sa nature. L'interaction entre les personnages, dont les motivations changent constamment, s'apparente au comportement humain. Ces rebondissements renforcent le suspense et mettent en lumière le mystère humain de la trahison, de la résilience et de la quête perpétuelle de la vérité. Ainsi, nous voyons à quel point les êtres humains peuvent être étonnamment complexes grâce à la façon dont il construit de manière complexe des intrigues à plusieurs niveaux. Ses personnages doivent faire face à de nombreuses surprises qui les obligent à prendre des décisions qui changeront leur vie. À partir de là, les lecteurs participent à un niveau intime.

L'utilisation de la confiance et de la trahison comme sujets de ses récits est rendue possible par le changement de formes narratives. Grâce à des intrigues habilement conçues, l'auteur attire l'attention sur les zones d'ombre et les conflits non résolus de ses personnages, tout en dévoilant ce qu'il est prêt à leur révéler. Ce qui est révélé fait appel à des valeurs morales et apporte un sens plus profond à l'intrigue. Dans les œuvres de Ludlum, l'intrigue sert de point d'inflexion à la transformation du personnage.

Les changements inattendus dans la direction de l'histoire poussent les personnages vers de nouvelles limites et leur permettent de voir où en sont leurs relations, leurs valeurs et leurs principes. Ce bouleversement ne dévoile pas seulement les luttes internes du personnage, mais aussi son identité morale et la mesure dans laquelle les influences extérieures l'ont affecté.

Les structures narratives de Ludlum servent de dispositifs « scopiques » propres à l'auteur, mettant en avant la nature nue de la dualité humaine. Par le biais de tromperies élaborées, il révèle un réseau de confiance fragile et de mensonges. Pour combiner la fiction et l'absence de vérité, le récit doit construire de manière complexe la dure réalité de la vie humaine, oscillant entre croyance et incrédulité. En fin de compte, l'utilisation par Ludlum de dispositifs d'intrigue comme reflets de la nature humaine fait de ses histoires plus que de simples récits intéressants remplis d'action, mais les redéfinit comme une critique de l'humanité. En examinant en profondeur l'essence de la confiance et de la trahison ainsi que la manière dont elles sont préservées par la tromperie narrative, Ludlum invite les lecteurs à assister à la complexité subtile de la nature humaine et de son comportement.

Les fondements psychologiques : les jeux de l'esprit de la suspicion

Ludlum a écrit des intrigues où le soupçon n'est pas un événement, mais un paysage. Il est facile de se perdre dans les pièges psychologiques du doute et de la méfiance.

Comme tout bon conteur, les personnages de Ludlum sont pris dans une toile de suspicion qui s'appuie sur les variations les plus sombres des motivations de la nature humaine. L'enquête la plus profonde, inévitable dans tous les cas, est celle qui espère comprendre comment la suspicion détruit les relations et les alliances tout en mettant à l'épreuve les principes moraux de ceux qui croisent son chemin.

Ludlum décrit avec force les aspects psychologiques des drames suspendus de ses personnages, tels que les activités néfastes des espions, des agents malhonnêtes et des gens ordinaires qui ont trop de pouvoir pour délibérer sur les personnes à qui ils peuvent faire confiance. Son travail est un amalgame d'esthétique émotionnelle et de fragilité humaine. Il met en lumière les dommages que l'esprit humain peut endurer pour se protéger des autres, une version moderne du nihilisme du type « œil pour œil », où les limites entre vigilance et paranoïa sont indiscernables.

Par ailleurs, dans l'univers de Ludlum, les jeux d'esprit du scepticisme servent de stimulus passionnant pour l'évolution de l'histoire et des personnages. En se plongeant dans les intrigues complexes élaborées par Ludlum, les lecteurs s'empêtrent dans la toile complexe du malaise et de la peur qui cherche à les engloutir. Le contrôle exquis de l'auteur sur le point de vue du lecteur et son encouragement à participer au combat mental, au va-et-vient et à la poursuite incessante de la réalité dans un domaine plein de mensonges et de fausses pistes, créent une expérience de lecture engageante et passionnante.

Les parties raisonnées ou sous-jacentes du soupçon dans les livres de Ludlum offrent une forme plus profonde de critique des relations et exposent la nature de l'enracinement de l'homme. En abordant la politique fictive et palpitante ainsi que la politique de haute trahison, Ludlum évoque le phénomène commun du doute de soi et du scepticisme auquel de nombreuses personnes sont confrontées. Ces thèmes sont vastes : la confiance, la trahison et la perfidie, et ils ont toujours été profondément ressentis par les peuples de toutes les nations et de toutes les époques. Ils attirent l'attention sur la question toujours actuelle de ces phénomènes dans la psyché humaine.

En accordant une attention particulière aux détails de la conduite humaine, Ludlum invite les lecteurs à réfléchir à la suspicion qu'ils s'imposent et à envisager ses effets néfastes sur la prise de décision, les relations et la réputation personnelle. En observant eux-mêmes les complexités psychologiques de la suspicion, les lecteurs sont amenés à réfléchir à ses effets néfastes sur la prise de décision, les relations et la réputation personnelle.

Réflexions sociétales : Commentaire de Ludlum sur la loyauté institutionnelle

Les récits de Ludlum sont centrés sur cette universalité : la relation tendue entre les gens et les institutions qu'ils soutiennent ou auxquelles ils s'opposent. En construisant des intrigues complexes dans la fiction, Ludlum offre une vision plutôt cynique du système et de la fidélité à celui-ci. Pour illustrer son propos, il utilise des agences gouvernementales, des entreprises et même des sociétés secrètes, décrivant habilement les relations de commandement et les relations morales de ces institutions.

Dans cette perspective, la fidélité à une institution est assimilée à un asservissement, ce qui évoque les paradoxes de la liberté. Les personnes prises en flagrant délit d'allégeance sont largement perdues dans le conflit entre ces organisations et leur conscience. Cette complexité morale et ce dilemme plongent dans les méandres des constructions sociétales et permettent de comprendre les multiples facettes de la vie sociale.

Le commentaire de Ludlum sur la loyauté institutionnelle se concentre également sur l'individu et critique les structures sociétales plus larges. L'habileté avec laquelle Ludlum tisse ses intrigues nous rappelle les intentions sous-jacentes et les manipulations institutionnelles auxquelles se livrent les sociétés les plus puissantes. Par son style vivant, l'auteur oblige les lecteurs à réfléchir à la signification de la loyauté envers une institution et à la manière dont celle-ci façonne le domaine sociopolitique, stimulant ainsi leur curiosité intellectuelle et leur esprit critique.

Ludlum interroge son public sur la loyauté envers les institutions en permettant à cette allégorie de s'étendre à des situations du monde réel. Les thèmes des pactes secrets, de la micropolitique et du martyre institutionnalisé renvoient aux questions plus générales du secret d'État, de la malversation des entreprises et de la passivité de la société. Comme pour la plupart des questions publiques, les commentaires perspicaces de Ludlum, enveloppés dans des thrillers pleins d'adrénaline, interpellent les lecteurs sur ce que signifie la loyauté envers des personnes, des pays ou des institutions.

Dans son œuvre, écrite avec une touche de sarcasme, Ludlum confronte le lecteur à la question de la loyauté institutionnelle sous différents angles, l'incitant à s'interroger sur le conflit qui l'oppose à son identité. Entraînant le lecteur dans une auto-analyse, ses récits à la fois vifs et pleins de suspense, remplis de ses intrigues caractéristiques, constituent une prose chargée d'un contexte social profond et dégoulinante de commentaires calculés, favorisant un sentiment d'introspection chez le public.

Étude de cas : analyse des romans clés pour les thèmes de la confiance et de la trahison

Les publications de Robert Ludlum mettent en scène à la fois la trahison et la confiance. Il est donc essentiel d'entreprendre une analyse détaillée des romans sélectionnés qui mettent l'accent sur l'intégration de ces deux notions. Une lecture attentive du Cercle de Matarese, de L'Identité Bourne et de La Mosaïque de Parsifal permettra de découvrir les différents aspects de la trahison et de la confiance dans les œuvres littéraires de Ludlum. Le Cercle Matarese de Ludlum illustre la nature de la trahison globale et de la trahison dans l'espionnage comme un jeu antagoniste, rendu encore plus complexe en opposant les protagonistes les uns aux autres dans un monde de conspirations, de tromperies et de suspicions mutuelles. En revanche, L'Identité Bourne se concentre sur la difficulté pour l'amnésique de se faire confiance et de faire confiance aux autres. Il se trouve dans une position douteuse où tout, y compris les adversaires, est suspect. L'environnement social hostile fait naître et disparaître simultanément le sentiment de confiance. La mosaïque de Parsifal mêle l'histoire de la trahison et de la déloyauté à des intentions prétendument amicales et à la triste vérité d'un comportement malveillant dissimulé sous une attitude bienveillante. Ces deux études de cas démontrent les efforts de Ludlum pour créer des personnages et des récits qui tentent délibérément de réécrire les règles largement comprises de la loyauté et de la fidélité en offrant des illusions de confiance.

Chaque roman défend l'idée selon laquelle l'habileté de Ludlum réside dans sa capacité à manipuler habilement la confiance et la trahison de manière à toucher profondément et durablement ses lecteurs. Lorsque la confiance et la trahison sont analysées dans ces œuvres paradigmatiques, les lecteurs sont mieux à même d'apprécier la manière dont Ludlum dépeint la condition humaine, voire de défendre la réalité sociologique paradoxale et la nature de la confiance et de la trahison dans un monde où la tromperie et le mensonge règnent en maîtres.

Le rôle de la tromperie : un outil pour approfondir les personnages et raconter des histoires

Aussi subtile que soit la tromperie, elle est un motif dominant dans les récits de Ludlum. C'est un élément important pour développer la profondeur des personnages et faire avancer l'intrigue. En d'autres termes, la tromperie représente la nature humaine dans ses multiples facettes, car elle permet aux personnages d'osciller librement entre le bien et le mal, la vertu et le vice. À cet égard, Ludlum utilise habilement la tromperie pour rendre ses personnages aussi intrigants qu'ordinaires.

Dans toutes les œuvres de Ludlum, la tromperie catalyse le développement des personnages en révélant les motivations profondes des protagonistes et des antagonistes. Grâce à des stratégies trompeuses, les personnages sont placés dans des scénarios qui mettent à l'épreuve leur courage, dépassent les limites de leur « zone de confort » et révèlent ce qui les motive vraiment. La tromperie, sous une forme ou une autre, est présente dans chaque personnage, qu'il s'agisse du héros réticent qui cache des détails cruciaux ou de l'antagoniste trompeur qui élabore une toile de tromperie élaborée. Elle permet de mettre en évidence les complexités et les faiblesses d'individus aux multiples facettes et de leur personnalité.

Dans un roman de Ludlum, la tromperie se mêle sans peine à la narration et joue un rôle clé dans le tourbillon complexe des intrigues. Les éléments fabriqués qui se tordent et se modifient remplissent le ciel et le paysage de récits qui suscitent l'incrédulité et le suspense. Ce type de tromperie stratégique accroît encore la tension, brouille la réalité, construit un masque sur le masque des mensonges et dévoile ce qui est, malgré tout, la dualité de l'humanité.

Outre le fait qu'elle façonne les personnages et les événements, la tromperie joue également un rôle important en révélant les thèmes tissés dans la trame des récits de Ludlum. À travers l'interaction complexe de la vérité et de la tromperie, Ludlum examine les questions profondes de la confiance, de la trahison et des frontières fondamentalement changeantes de la certitude morale. Lorsqu'elle est appliquée de manière experte, la tromperie sert de lentille de réflexion qui remet en question les normes sociales et les cadres moraux en examinant les fragiles lignes de faille de la conscience et de la loyauté.

Pour recentrer les arguments, Ludlum semble avoir utilisé la tromperie pour réfléchir les nombreux aspects de la moralité humaine et de l'art de raconter des histoires avec beaucoup d'habileté et à dessein. La tromperie devient ainsi un moyen puissant de créer des personnages complexes, de raconter des histoires captivantes et de compliquer l'esprit humain. Ainsi, dans le contexte de l'univers littéraire créé par Ludlum, la tromperie n'est pas seulement un élément ou un dispositif, mais un principe de base sur lequel repose la structure d'une narration captivante et d'une analyse approfondie des personnages.

Conclusion : l'héritage de Ludlum dans la représentation d'une moralité humaine discutable

Mon analyse de l'immense contribution de Roger Ludlum à la représentation de la moralité humaine me permet de conclure que les subtilités et les nuances de la conduite éthique marquent son héritage. Sa maîtrise inégalée de la narration a conduit Ludlum à créer un monde aux proportions épiques dans lequel les personnages doivent s'efforcer de survivre dans un monde moralement ambigu. Que ce soit dans le monde secret des espions et de l'espionnage ou dans les salles de conseil d'administration d'entreprises impitoyables, l'univers de Ludlum est un monde où les héros et le public doivent faire face aux aspects les plus sombres de la civilisation. Dans ce monde de tromperie et d'honnêteté, l'auteur crée des nuages d'incertitude et d'examen de conscience concernant la moralité et ses deux aspects. Les fondements de son héritage sont ancrés dans la perception qu'a l'auteur des comportements humains, qui sont inexorablement changeants, à travers une construction narrative élaborée dont les éléments soulèvent des questions et des discussions, pour ou contre la moralité. À chaque page tournée, les lecteurs plongent dans les récits profondément troublants de Ludlum, remplis d'énigmes éthiques, et s'efforcent de distinguer le bien du mal dans un océan de péché.

L'héritage de Ludlum dépasse le cadre des thrillers classiques. Il transcende les genres et jette un regard émouvant sur les rouages de l'esprit humain et ses nombreuses faiblesses. La façon dont il articule avec art les dilemmes de la confiance et de la trahison est inégalée. Cette prouesse fait de lui un auteur reconnu pour sa pertinence intemporelle, qui reste constante à la lumière d'un monde en perpétuel changement. L'objectif décrit affirme une vision sans entrave de la complexité des liens étroits qui unissent l'éthique humaine et met en évidence la bataille sans fin entre la loyauté et la trahison, ce qui donne profondément à réfléchir. La juxtaposition d'actions humaines en littérature subreptice, giflée métaphoriquement, est béante, ce qui incarne la véritable essence du mot illimité, impérissable et insondable.

8
Recherche et discipline

Les coulisses de l'artisanat de Ludlum

Clarifier l'approche méthodique de Ludlum

En écrivant, Ludlum a développé une approche systématique en planifiant tout à l'avance, ce qui lui a permis d'écrire des histoires complexes. Sa structuration méticuleuse d'intrigues sophistiquées, qu'elles soient historiques, géopolitiques ou techniques, pour qu'elles soient conformes aux faits, suscite un sentiment d'admiration.

Cela a conduit non seulement à la naissance d'histoires authentiques, mais aussi à valider sans vergogne la corrélation de Ludlum avec les thrillers d'espionnage et politiques. Par ailleurs, son approche méthodique lui a également permis d'entremêler une myriade de fils narratifs qui complexifient l'intrigue et de contrôler la narration sans effort. L'attention portée aux motivations et aux intrigues des personnages a permis à Ludlum de maîtriser les détails et le déroulement de l'intrigue, ce qui explique que ses œuvres soient restées des classiques. Les lecteurs ont également été confrontés à des paradoxes réconfortants, mais robustes, grâce à des systèmes de monde avec eux et à une base superficielle à plusieurs niveaux qui donnent un sentiment de cohérence. Ces systèmes ont été élaborés grâce à des recherches approfondies et à une logique de structure rigide.

Des couloirs cachés des agences de renseignement internationales au monde complexe de la politique mondiale, les histoires de Robert Ludlum emmènent le lecteur dans un univers alternatif. La nature immersive créée par l'approche systémique de Ludlum en fait bien plus qu'un simple roman, c'est un art. Par essence, il est devenu une représentation du monde profond et complexe de la fiction d'espionnage. Dans son univers, le lecteur est facilement captivé par le déroulement d'une histoire qui consiste en des structures multidimensionnelles remplies d'humanité, de culture et d'un engagement incessant, ce qui le maintient absorbé dans le récit.

Le rôle de la recherche détaillée dans l'élaboration de l'intrigue

Les intrigues détaillées de Ludlum sont le fruit de recherches rigoureuses. La combinaison exceptionnelle de l'histoire, de la géopolitique et de la technologie dans son récit est très révélatrice. Les différentes formes de recherches approfondies de Ludlum l'aident à élaborer des histoires puissantes. Le souci du détail qui transparaît dans les œuvres de Ludlum témoigne de la profondeur des recherches effectuées pour élaborer les intrigues. Cette connaissance approfondie de sujets variés permet à l'auteur de construire une histoire passionnante qui captive les lecteurs, leur permettant de suspendre leur incrédulité et de plonger dans le monde fascinant de l'espionnage et des jeux politiques. Qu'il s'agisse du fonctionnement interne d'organisations secrètes ou d'enquêtes sur des politiques mondiales complexes, les recherches de Ludlum sont si approfondies qu'elles garantissent la crédibilité et le réalisme de tous les aspects de l'intrigue.

La nature profonde de ses intrigues bien documentées captive crûment le public et met en lumière les détails de sections historiques connues, d'actions subversives secrètes et de technologies modernes avancées. La séparation entre la fiction et la réalité est sophistiquée, ce qui fait passer les livres de Ludlum du statut de pur divertissement à celui d'accomplissement artistique.

De plus, les personnages de la série Malachai sont bien développés grâce aux recherches de l'auteur. L'étude approfondie du comportement humain, de la psychologie et des structures sociales a permis à Ludlum de mettre au point le contexte complexe de chaque personnage, des dialogues authentiques et des motivations nuancées. Par conséquent, chaque personnage est doté d'un voile de complexité qui rend ses actions et ses interactions plus réalistes. En plus de rendre l'imitation réaliste, ces dossiers permettent d'aborder des questions importantes et des défis éthiques dans le développement des personnages. Ainsi, les romans de Ludlum sont des machines à remonter le temps réalistes qui emmènent le lecteur à travers des événements importants de l'histoire, différentes régions du monde et les dernières avancées technologiques. Le tout est rendu possible grâce aux recherches approfondies qui entrent dans la création de ses intrigues captivantes, faisant en sorte que le public se sente connecté à l'histoire.

Sources et références : établir l'authenticité

Lorsqu'il est question de composer une fiction captivante, l'authenticité est la pierre angulaire des histoires. Pour Robert Ludlum, célèbre pour sa diligence et son souci du détail, l'engagement en faveur de l'authenticité était plus qu'une histoire grandiose ; c'était un processus complet. Les fondements de cet engagement reposent sur les recherches de Ludlum sur le monde géopolitique et les technologies émergentes. Son dévouement à construire des mondes fictifs dans ses romans fait office de référence pour les aspirants écrivains de thrillers.

Elles s'appuient sur l'approche de Ludlum en matière d'écriture de fiction et sur les mondes authentiques de ses romans. Ces recherches se sont appuyées sur des journaux vérifiés par des universitaires, sur d'autres documents historiques et sur des entretiens avec des professionnels. Il n'a pas seulement utilisé les informations les plus récentes, mais il s'est également assuré qu'elles étaient exactes. Cet effort lui a permis d'insuffler à ses récits un réalisme qui a étonné les lecteurs et leur a donné l'impression d'être eux-mêmes au cœur de l'action. Les détails authentiques combinés aux connaissances établies créent une ressemblance frappante, qui reste une particularité de ses romans.

Les recherches méticuleuses qu'il a entreprises en disent long sur sa volonté d'offrir au lecteur une expérience inoubliable. L'art de Ludlum se manifeste surtout dans la juxtaposition souple d'événements réels et d'intrigues fictives. Des cercles de pouvoir de Washington DC aux activités d'espionnage dans les coulisses des bureaux diplomatiques, les sujets ne manquaient pas pour enrichir ses romans. Ce mélange de fiction et de réalité a non seulement rendu les histoires captivantes, mais il a également incité le public à analyser en profondeur le monde global, ce qui a suscité à la fois sa curiosité et une profonde contemplation.

En bref, le mélange de références et d'imagination a donné naissance à une œuvre de fiction caractéristique. Son talent pour imbriquer la réalité dans ses intrigues captivantes a rendu son œuvre attrayante pour un large lectorat : ceux qui souhaitaient découvrir de l'enthousiasme et de la compréhension. En résumé, l'engagement de Ludlum à authentifier ses romans et à garantir l'exactitude des faits a permis d'obtenir un résultat sans précédent, qui montre le monde réel au sein de l'imaginaire de la fiction.

Trouver la ligne fine entre les faits et la fiction : maintenir le suspense

Un thriller bien conçu se situe toujours entre la créativité et l'exactitude. Robert Ludlum, célèbre pour ses romans à suspense aux intrigues complexes, comprenait parfaitement les mécanismes permettant de faire ressortir un détail authentique dans une histoire. Ce fragment illustre la manière dont Ludlum abordait son métier en mêlant réalisme et imagination pour créer de la tension et de l'intrigue chez les lecteurs.

Ludlum soutient que si un semblant de réalité donne une base au récit, une imagination débridée permet de retenir l'attention des lecteurs. Son utilisation des aspects du monde réel avec l'imagination fictive a permis aux lecteurs de vivre une expérience hors du commun, mais proche de la réalité.

S'acquitter de son obligation d'imagination tout en

restant ancré dans la réalité a nécessité une attention méticuleuse aux détails et à la recherche. Dans ses romans sur la guerre froide, Ludlum a minutieusement construit les bases factuelles de ses conspirations, de ses intrigues internationales et de ses activités d'espionnage. Lorsqu'il écrivait des romans, Ludlum couvrait un continuum d'informations, de l'histoire à la politique, en passant par la technologie et d'autres domaines pertinents, afin d'intégrer l'authenticité dans son monde fictif.

La combinaison de faits et de fiction a nécessité un rythme précis, une dissimulation et une révélation habiles des informations. Le suspense et l'engagement du lecteur ont été générés lorsque l'auteur a utilisé de nombreux aspects de son travail de recherche pour préparer le public à des révélations choquantes et à des changements inattendus dans le déroulement de l'histoire. Chaque rebondissement narratif soigneusement conçu était en fait intimement tissé dans l'histoire, de sorte que les éléments adjacents de la réalité et de la fiction s'entrechoquent et que l'histoire prenne un élan extraordinaire.

Le mélange des faits et de la fiction a permis à Ludlum de fusionner ses mondes méticuleusement élaborés avec la réalité. Les lecteurs se demandaient où s'arrêtait la précision et où commençaient les mensonges ingénieux du romancier, ce qui ajoutait de la complexité et de l'intrigue à l'expérience de lecture. Ce mélange intentionnel de réalité et de fantaisie amplifie la peur et fait de ces romans des chefs-d'œuvre profonds et captivants du genre thriller.

En conclusion, le mélange de la réalité et de la fiction est à l'origine de la maîtrise du suspense par Ludlum. L'intégration exceptionnelle de la vérité et de l'imagination, du réalisme et de la créativité, de l'authenticité et de l'invention est à l'origine de la tension inconditionnelle et du charme exceptionnel des récits de Ludlum, qui ne cessent de nous captiver.

Gestion du temps : maîtrise de soi dans le calendrier d'écriture

L'écriture requiert une approche systématique de son exécution, comme toute autre activité. Elle nécessite une structure, une organisation et une programmation méticuleuse des activités, ce que l'auteur n'est pas intrinsèquement motivé à faire. Robert Ludlum, connu pour l'attention remarquable qu'il porte aux détails lors de l'écriture, mentionne un outil qui, selon lui, est presque aussi important que la recherche qui entre dans la composition d'un livre : un régime d'écriture discipliné. La gestion efficace du temps lors de l'élaboration d'un thriller est une tâche que l'écrivain doit aborder de manière systématique. En effet, l'écrivain doit s'imposer une certaine discipline pour contrôler son imagination. Ludlum, célèbre pour son éthique de travail expansive, a suivi un emploi du temps rigide pour aiguiser ses compétences. Une bonne habitude d'écriture commence par l'aménagement d'un « bureau qui sert de concentration et de source d'inspiration, ce qui motive généralement les gens ». Se débarrasser des distractions et se fixer des objectifs quotidiens sont les premiers pas vers l'atteinte de cet objectif. Les écrivains qui se fixent des objectifs et des délais de sauvegarde s'assurent qu'ils resteront concentrés sur les échéances, qui à leur tour, garantissent le progrès.

Je pense que la réalisation d'exercices d'écriture réguliers, y compris l'atteinte d'un nombre de mots déterminé chaque jour, renforce l'autodiscipline et la productivité. En outre, une bonne gestion du temps implique de prévoir des tâches spécifiques, qui sont divisées en blocs de recherche, d'ébauche, de rédaction et de révision. Cela permet de travailler en tranches gérables.

Travailler sur des projets d'écriture pendant de longues périodes au cours de la journée nécessite de faire des pauses pour une récupération maximale, et programmer stratégiquement des pauses peut prévenir la fatigue mentale et encourager la productivité. Stephen Ludlum a souligné l'importance de la persévérance et du travail acharné dans la quête de l'excellence littéraire, comme le montre son engagement à respecter un calendrier d'écriture systématique. L'automatisation d'un processus d'écriture repose en grande partie sur la combinaison d'une auto-réflexion constante et de pratiques d'autocorrection. Les écrivains doivent faire preuve de discipline tout en s'assurant consciemment qu'ils peuvent créer des histoires captivantes que les gens liront.

Profondeur des personnages : l'étude des antécédents au service du réalisme

Pour créer des personnages auxquels les lecteurs peuvent s'identifier, il faut travailler dur sur la profondeur et l'authenticité des personnages créés. Par exemple, Ludlum crée ses personnages de fond en comble en effectuant des recherches sur le contexte, afin que ses protagonistes et ses antagonistes soient aussi réels que possible. Les personnages secondaires qui apparaissent ou non dans les romans de Jason Bourne, ainsi que Jason lui-même, sont à l'origine de la multitude de personnages complexes que possède Ludlum, ce qui fait de lui un maître dans le domaine du thriller. Lorsqu'un personnage grandit, il doit comprendre d'où il vient. Quelle est l'histoire de sa vie ? Quelles sont ses aspirations ? Qu'est-ce qui l'effraie ? Qu'est-ce qui lui donne de l'espoir ? En extrayant toutes les réponses à ces questions et en intégrant une compréhension de ce que le personnage ressent et pense, on donne à chaque personnage l'opportunité d'avoir une vie à laquelle les lecteurs peuvent s'identifier. Cela enrichit l'histoire et améliore la compréhension entre les personnages et les lecteurs. Pour ce faire, Ludlum étudie la psychologie, la sociologie et la criminologie, entre autres domaines, ce qui l'aide à donner de la profondeur à leur comportement. Au lieu d'être de simples portraits, ses personnages sont de vraies personnes avec des désirs contradictoires et des problèmes d'éthique, qui sont la réalité de notre monde.

Les mondes fictifs des personnages de Ludlum sont rendus crédibles par leurs capacités, leurs emplois et leurs expériences de vie personnelles. Qu'il s'agisse d'un linguiste doué ou d'un espion expérimenté, chaque personnage est sculpté en détail à partir du four d'informations collectées au cours de la recherche. Les dispositifs contemporains, la politique moderne et l'histoire se fondent sans peine dans le cadre de l'intrigue, créant une dimension supplémentaire de crédibilité et de familiarité. En d'autres termes, la force d'une caractérisation approfondie est documentée dans la compréhension de l'influence qu'un contexte profondément étudié a sur la qualité et l'impact d'une intrigue pleine de suspense.

Avancées technologiques : les outils de l'auteur de thriller moderne

Lors de la rédaction d'un roman de fiction captivant, l'inclusion et la description d'informations techniques et de connaissances spécialisées sont essentielles pour intégrer le lecteur dans l'intrigue. L'authenticité et la crédibilité sont des questions très importantes qui sont soigneusement gérées par des experts en la matière, et tout porte à croire que même le grand Ludlum y a eu recours. Des professionnels de divers horizons contribuent à l'authenticité, non seulement dans le domaine de l'espionnage, mais aussi dans celui de la technologie et dans bien d'autres domaines sophistiqués. Ludlum a consulté des personnes possédant des connaissances pertinentes sur les sujets qu'il souhaitait aborder dans ses romans, garantissant ainsi la crédibilité des récits qu'il a élaborés. Qu'il s'agisse de comprendre la dynamique des activités secrètes ou de détailler les affaires politiques des négociations de pouvoir, il est apparu clairement à Ludwig que, quelle que soit l'ampleur du travail de fiction, les informations factuelles étaient primordiales. Ces efforts ont non seulement ajouté des détails à l'histoire de la fiction de Ludlum, mais ils ont également apporté des informations plus nombreuses et plus riches au public crédule. Ces types d'explications fournies par les auteurs et les experts témoignent de la confiance et des efforts déployés par les auteurs et les contemporains de Ludlum pour créer des œuvres de fiction. Il a transformé la fiction en récits passionnants et a placé les lecteurs dans des mondes réels plutôt que dans des mondes fabriqués.

La collaboration avec des spécialistes en la matière est également un signe fort de l'engagement de Ludlum à raconter des histoires véritablement authentiques. L'impact de ces collaborations montre clairement qu'il faut sans cesse s'améliorer et mettre l'accent sur les détails pour atteindre la perfection littéraire, ce qui prouve une fois de plus que Ludlum est le meilleur exemple d'un mélange équilibré de fiction créative et d'informations factuelles.

Collaborer avec des experts : renforcer la crédibilité

Lors de la rédaction d'un roman de fiction captivant, l'inclusion et la description d'informations techniques et de connaissances spécialisées sont essentielles pour intégrer le lecteur dans l'intrigue. L'authenticité et la crédibilité, en particulier, sont des questions très soigneusement gérées par des experts en la matière, et tout porte à croire que même le grand Ludlum y a eu recours. Des professionnels de divers horizons contribuent à l'authenticité, non seulement dans le domaine de l'espionnage, mais aussi dans celui de la technologie et dans bien d'autres domaines sophistiqués. Ludlum a consulté des personnes qui possédaient des connaissances pertinentes sur les sujets qu'il souhaitait aborder dans ses romans, garantissant ainsi la crédibilité des récits qu'il a élaborés. Qu'il s'agisse de comprendre la dynamique des activités secrètes ou de détailler les affaires politiques des négociations de pouvoir, il est apparu clairement à Ludwig que, quelle que soit l'ampleur du travail de fiction, les informations factuelles étaient primordiales. Ces efforts n'ont pas seulement ajouté des détails à l'histoire de la fiction de Ludlum, mais ont également apporté des informations plus nombreuses et plus riches au public crédule. Ces types d'explications fournies par les auteurs et les experts témoignent de la confiance et des efforts déployés par les auteurs et les contemporains de Ludlum pour créer des œuvres de fiction. Il a transformé la fiction en récits passionnants et a placé les lecteurs dans des mondes réels plutôt que dans des mondes fabriqués. La collaboration avec des spécialistes en la matière est également un signe fort des efforts de Ludlum pour raconter des histoires véritablement authentiques. L'impact de ces collaborations montre clairement qu'il faut sans cesse s'améliorer et mettre l'accent sur les détails lorsqu'il s'agit d'atteindre la perfection littéraire, ce qui prouve une fois de plus que Ludlum est le meilleur exemple d'un mélange équilibré de fiction créative et d'informations factuelles.

Un engagement en faveur de l'apprentissage continu

Pour un auteur aussi profond que Robert Ludlum, l'élaboration de romans implique les subtilités d'un apprentissage continu. Professionnel accompli, Ludlum a travaillé sans relâche pour enrichir sa base de connaissances des développements contemporains dans différents domaines. Ce niveau d'engagement lui a permis d'attirer et de captiver des lecteurs du monde entier grâce à la profondeur et à l'authenticité de ses récits. Sa quête de connaissances ne s'est pas arrêtée à la recherche traditionnelle pour les romans. Il s'auto-éduquait rigoureusement en portant son attention sur des sujets tels que la géopolitique, l'espionnage, mais aussi les dernières technologies et les relations internationales. Cette approche multidimensionnelle a grandement amélioré sa façon de raconter des histoires, en lui apportant des connaissances inestimables dans des domaines complexes, ce qui a ensuite conféré à ses œuvres une perspective nuancée.

Sa quête de connaissances ne s'est pas arrêtée à la recherche traditionnelle pour les romans. Il s'auto-éduque rigoureusement en portant son attention sur des sujets tels que la géopolitique, l'espionnage et même les dernières technologies et les relations internationales. Son approche multiforme a grandement amélioré sa façon de raconter des histoires, lui apportant des connaissances inestimables dans des domaines complexes qui ont ensuite conféré à ses œuvres une perspective nuancée.

Il est clair que le fait de s'orienter facilement vers des objectifs réalistes permet de réaliser des perspectives tant personnelles qu'intellectuelles. De ce point de vue, l'exploration interdisciplinaire conduit à des objectifs transformés et à des résultats lucides. Le fait de s'engager dans divers récits au-delà des normes lui a permis d'élargir le cadre intellectuel de ses disciplines.

Aujourd'hui, pour les écrivains émergents qui souhaitent élargir leur rayon littéraire, l'application continue d'une ouverture d'esprit rationnelle et la volonté de s'intéresser à de nouvelles sources d'information restent cruciales.

La quête sans fin de Ludlum pour la sagesse nous rappelle l'impact d'une éducation à long terme sur la construction d'histoires, et l'essence de l'œuvre et de la vie de Ludlum sert d'exemple à l'impact complexe que sa quête a eu sur les lecteurs.

Il est clair que « la quête du changement » n'a pas seulement un impact sur la qualité de l'écriture, mais induit également le concept de l'héritage de l'écrivain et de la permanence de son travail. Résister à la stagnation et s'aventurer dans l'univers de la connaissance permet de s'affranchir des limites imposées par l'espace et le temps, et ainsi de traverser et de dépasser les limites de l'âge. En suivant l'engagement de Ludlum, les écrivains ont le pouvoir d'innover, d'imaginer, de raconter et de laisser une empreinte inégalée dans le monde de la littérature.

Conclusion : l'impact de la recherche sur le succès littéraire

L'impact d'une recherche approfondie sur les réalisations littéraires est tout aussi important dans le cas de la carrière de Robert Ludlum, qui n'est rien de moins qu'exemplaire. Il affirme que l'apprentissage permanent et la recherche approfondie vont de pair, et ses réalisations ont fait de lui une légende dans le domaine de la littérature de suspense. Des recherches approfondies dans différentes disciplines ont permis à Ludlum de rendre ses intrigues si réalistes que des lecteurs de tous âges s'y identifient.

L'impact de la recherche ne se limite pas à la narration ; il s'agit d'un élément crucial pour l'autorité et la crédibilité de tout auteur. En étudiant les questions géopolitiques, les événements historiques, les technologies modernes et autres, Ludlum a été en mesure de créer des histoires intéressantes, perspicaces et stimulantes pour les lecteurs. L'exceptionnalisme américain présenté non seulement sous forme de divertissement, mais aussi de manière réfléchie, est ce qui rend les œuvres de Ludlum inégalées et capables de capter l'imagination des gens dans le monde entier, au-delà des frontières de l'espace et du temps.

Les recherches approfondies effectuées par Ludlum dans ses romans ont captivé les lecteurs, les entraînant dans des royaumes fictifs comme si tout et n'importe quoi était possible. Leurs actions et leurs interactions sont tout à fait logiques. En retour, les lecteurs lui font confiance en tant qu'auteur et, dans le cas présent, il y a des raisons de croire qu'un compte rendu exhaustif a été effectué.

En dehors de la fiction, l'étendue des recherches liées à l'œuvre sert la réputation de l'auteur et sa position parmi ses pairs dans le secteur. Si un auteur n'adopte pas une discipline rigoureuse et ne s'accorde pas la liberté de se livrer à des recherches approfondies dans son domaine d'intérêt, sa position dans la littérature s'en trouvera affaiblie. Ludlum a sans aucun doute été l'un des auteurs les plus performants dans le monde des thrillers. Il a su gagner le respect de nombre de ses rivaux et de ses critiques après avoir établi la norme à suivre pour de nombreux auteurs à venir.

En conclusion, les effets de la recherche sur le succès littéraire d'un auteur vont au-delà des réalisations de l'individu et s'étendent à l'ensemble du domaine littéraire.

La façon dont Ludlum a étudié les facteurs qui ont fait évoluer son genre a établi une norme pour les autres écrivains, qui doivent rechercher une plus grande profondeur et une meilleure qualité dans tous leurs livres. Il a ainsi profondément façonné le développement et l'orientation de la littérature de suspense, et assuré que l'héritage d'une recherche sérieuse survive à travers les âges.

9

L'héritage imprimé

La controverse des publications posthumes

Comprendre les publications posthumes

Il est essentiel d'étudier le domaine des publications posthumes pour comprendre les subtilités de l'héritage d'un auteur, en particulier d'un auteur aussi remarquable que Robert Ludlum. Ces publications, qui font référence à des œuvres publiées après la mort de l'auteur, constituent un défi particulier pour les critiques littéraires et les fervents lecteurs. Dans le cas de Ludlum, il existe un puissant tourbillon d'émotions, comme la curiosité mêlée à la vénération, qui rend l'exploration des publications posthumes d'autant plus fascinante à chaque nouvelle parution. Les œuvres posthumes non publiées ou inachevées permettent d'approfondir l'univers narratif que Ludlum a créé avec tant de soin de son vivant. Ce chapitre examine en détail ces ajouts posthumes à son corpus et leur relation avec la perception de ses œuvres. Comme on peut le constater, les publications posthumes servent de preuve de l'influence d'un auteur, mais en même temps, elles pèsent sur le monde littéraire qui tente de les examiner et de les critiquer.

L'impact immédiat sur la réputation de Ludlum

Les légendes littéraires qui quittent ce monde peuvent laisser derrière elles un héritage qui ne manquera pas d'être remis en question et discuté. Robert Ludlum, célèbre pour ses récits captivants et ses personnages indélébiles dans le domaine des thrillers d'espionnage, est l'une des icônes qui ont publié des livres à titre posthume. Ses nouvelles œuvres étaient à la fois source d'espoir et de crainte pour le public et les lecteurs. D'une part, elles offraient la possibilité de nouvelles perspectives et d'histoires, mais d'autre part, elles risquaient de diluer l'héritage établi de l'auteur. Cette dualité a beaucoup nui à la réputation de l'auteur, qui a fini par créer un espace d'admiration et de scepticisme à la fois. Tout a ses avantages et ses inconvénients ; les données le prouvent de la manière la plus simple qui soit.

Dans le cas de la fabrication de livres, Robert Ludlum disposait d'une variété d'options fraîches dans lesquelles il devait plonger ses mains pour en extraire des atouts précieux. Ces pierres précieuses se trouvent dans les conjectures autour de mystères et d'histoires inédites, qui ont été suffisamment éblouissantes pour être gravées dans l'œuvre célèbre de Ludlum et l'enrichir. Ce sentiment passif est un optimisme étrange dans un mélange stagnant avec des vagues de scepticisme étouffantes. L'incrédulité a conduit à des inquiétudes concernant l'image rigide de Robert Ludlum qui a été brisée outrageusement et a nui à la sainteté de son héritage littéraire.

La confusion, la nostalgie, l'émerveillement et le respect ont accompagné l'apparition des premières publications posthumes. Ces réactions multiformes étaient également motivées par un amour et un désir profonds, en raison des sentiments profondément ancrés des lecteurs à l'égard de « Ludlum » et de ses œuvres éloquentes. Il semble que certains lecteurs aient voulu masquer l'essence des prouesses narratives de « Ludlum » et s'aventurer en terrain inconnu. Au contraire, certains puristes astucieux et critiques ont tergiversé avant d'accepter les nouveaux récits comme une ode éclatante, plutôt que de succomber à l'influence rayonnante de la sommité. Ils ont préféré examiner l'authenticité des œuvres avant d'accepter l'anthologie qui s'éloignait du style distinctif de l'auteur et de la profondeur thématique pour laquelle il était resté célèbre.

Une réserve prudente et un soutien fervent découlent de l'essence même de la réconciliation avec la puissance et le génie créatif capricieux de Ludlum, tout en invoquant la garantie de sa protection intemporelle. Les conséquences de ces débats étonnants révèlent la relation complexe de la République entre l'amour et la vénération inébranlables des lecteurs envers l'auteur, et leur besoin de maintenir l'héritage de l'identité inégalée de l'écrivain. Ainsi, il apparaît clairement que la période qui a immédiatement suivi les œuvres posthumes de Stravinsky a été un terrain où les morceaux brisés de sa célébrité ont été remis en question et recalibrés.

Gestion des successions : questions éthiques et juridiques

La succession littéraire d'un auteur est facilement l'une des parties les plus sensibles de sa vie, en particulier dans le contexte de sa mort. Elle doit être gérée avec précision en tenant compte d'un certain nombre de questions juridiques et éthiques qui affectent indubitablement l'héritage et l'intégrité de l'auteur. Il est essentiel d'accorder une attention particulière aux questions connues en droit sous le nom de droits moraux. Ce point est particulièrement important lorsqu'il est question de Robert Ludlum. Il existe des limites juridiques à respecter lorsqu'on tente d'étendre l'univers créé par Ludlum. Il s'agit notamment des questions de droits d'auteur, du droit d'attribution et du droit de ne pas voir son œuvre modifiée ou traitée de manière désobligeante. Les paramètres de la méthode doivent être soigneusement examinés, en veillant à ce que les contraintes éthiques s'ajoutent aux contraintes juridiques.

Les questions de droits d'auteur sont devenues les plus controversées. Les manuscrits non publiés de Ludlum, ses notes diverses et dispersées, ainsi que toute la gamme des revendications imaginaires de droits d'auteur compliquent tout.

Il y a également l'éthique laudative, qui s'étend à la reproduction de son nom avec les articles publiés qui l'accompagnent.

De plus, trouver un correcteur approprié pour continuer à écrire sous le nom de Ludlum est une question d'éthique, car il est nécessaire d'équilibrer le style existant et l'essence de la narration avec les nouvelles histoires qui sont créées. La fusion de styles aussi complexes exige un soin méticuleux. En exprimant cette considération, un lecteur qui apprécie un certain degré de qualité et d'authenticité dans le travail de Ludlum devient un lecteur qui a besoin d'une attention particulière lors de l'étape de l'écriture et de l'édition.

En abordant ces limites juridiques et éthiques, les gestionnaires du domaine littéraire prennent un risque excessif en violant ce que Ludlum voulait voir comme des prétentions et une intégrité artistiques, ainsi que les valeurs de l'histoire prétendument imprégnées dans ces prétentions et cette intégrité. Tous les choix possibles doivent être envisagés pour le corpus littéraire de Ludlum, c'est pourquoi les décisions doivent être prises en coopération avec des conseillers juridiques dûment qualifiés, des agents littéraires et des collègues experts dans la bibliographie de Ludlum. Cela souligne la nécessité d'une réflexion approfondie et l'importance de l'expertise dans la gestion de la succession d'un auteur.

Le droit moral à l'attribution et le droit de ne pas voir son œuvre altérée ou traitée de manière désobligeante doivent être respectés. Ces droits sont essentiels pour maintenir l'intégrité de l'œuvre d'un auteur, même après sa mort. Le fait de contourner les limites juridiques de l'expansion de l'univers créé par Ludlum tout en essayant de protéger son héritage contre toute tentative d'indignité fait peser une responsabilité écrasante sur les épaules de l'éthique.

Par conséquent, la gestion de l'héritage littéraire de Ludlum après sa mort exige de trouver un équilibre précis entre la conformité, la moralité et l'essence vampirique de la créativité, qui a grandement influencé sa contribution à la scène littéraire.

L'écriture fantôme et la poursuite des personnages emblématiques

En matière de publication posthume, le ghostwriting désigne l'acte complexe par lequel un écrivain talentueux est chargé de « refaire l'image » d'un auteur de renom. Pour un auteur de la stature de Shakespeare comme Ludlum, le fardeau repose lourdement sur ses épaules. Le choix d'un écrivain fantôme approprié n'est pas seulement décourageant, car la personne doit non seulement posséder des prouesses d'écriture adéquates, mais aussi parce que les perceptions entourant le style d'écriture de Ludlum, le thème et le style de recapture des subtilités artisanales de la légende posent un défi encore plus grand.

Si vous souhaitez reprendre un ou plusieurs des personnages emblématiques de Cosmopolitan, vous risquez fort de sous-estimer la nature fondamentale du personnage en tentant d'en créer une nouvelle interprétation. On attend des ghostwriters qu'ils examinent méticuleusement leurs scripts Ludlum pour créer une impression de personnages distinctifs aimés du public, tels que Jason Bourne, tout en leur permettant de sortir des limites des intrigues classiques écrites il y a si longtemps.

Il est intéressant de noter que le ghostwriting pour des personnages comme Ludlum exige une connaissance des intrigues secondaires et du suspense de l'histoire, ainsi qu'une connaissance approfondie de la géopolitique et de l'espionnage, en raison de la nature fondamentale des thrillers de Ludlum. Le ghostwriter doit intégrer les motifs d'action maîtrisés de Ludlum, tels que les conspirations complexes, dans des récits modernes et pertinents, tout en conservant son originalité.

Les questions morales et éthiques associées au ghostwriting dans la littérature sont très importantes. Un bon ghostwriter ne se contente pas de copier la façon d'écrire de l'auteur ; il plonge au cœur de la personnalité littéraire de ce dernier, donnant vie à l'esprit authentique du créateur. Lorsqu'il réussit, il permet au public de se déplacer sans effort entre les lignes des vrais livres de Ludlum et les romans qui s'ensuivent, en utilisant des récits captivants pour rendre hommage au grand homme tout en comblant les lacunes avec soin et précision.

De même, le partenariat formé par le ghostwriter, la succession Ludlum et les éditeurs revêt une importance cruciale lorsqu'il s'agit de veiller à ce que les œuvres ultérieures respectent l'esprit de Ludlum et préservent le corpus de l'auteur. Cette forme de collaboration tente de répondre aux exigences exceptionnelles qui caractérisent les œuvres littéraires de Ludlum afin de protéger l'honneur éternel associé à son nom.

Réception par la critique et les fans : des avis partagés

Le reste des œuvres publiées par un écrivain adulé comme Robert Ludlum suscite des sentiments et des pensées mitigés de la part des critiques et des fans. Si certains apprécient la publication d'autres œuvres, d'autres considèrent qu'il s'agit d'une exploitation de la source artistique de l'écrivain décédé pour puiser dans son imagination et utiliser ses créations. Ces personnes sont prêtes à se plonger dans l'univers créé par l'auteur, même si les personnages et les décors ont subi de nombreuses modifications.

Un autre groupe de critiques et d'admirateurs se montre particulièrement prudent à l'égard des publications posthumes. Leurs principales interrogations portent sur l'authenticité des œuvres qui portent le nom d'un auteur décédé, mais qui n'ont pas été achevées de sa main. Ils craignent que le style narratif et la profondeur thématique de Ludlum ne soient compromis par les tentatives de répondre aux attentes suscitées par ses œuvres antérieures par le biais d'œuvres d'auteurs moins compétents.

On s'interroge souvent sur les motifs qui sous-tendent la décision de prolonger une série ou un personnage populaire au-delà de la vie de l'auteur. Certains considèrent ces tentatives comme un effort sincère pour rendre hommage au défunt tout en répondant à l'appétit vorace des fans fidèles, mais pour d'autres, il s'agit d'un opportunisme visant à tirer profit du nom sans avoir à passer par les tracas d'un véritable créateur.

Ce schisme alimente des débats actifs dans les milieux littéraires, suscitant des réflexions sur la paternité, la succession créative et les droits successoraux. Il met en lumière les perspectives lecteur-auteur et l'attachement que l'on porte à son précieux héritage littéraire. Les publications posthumes accentuent le clivage incontestable et méritent une réflexion sérieuse sur le corpus de l'œuvre d'un auteur. Elles incitent également à des réflexions plus approfondies sur la nature changeante du legs littéraire et de la garde artistique.

Comparaison avec les œuvres originales : cohérence et qualité

Comme toutes les publications posthumes, elles sont examinées à la loupe, surtout lorsqu'il s'agit d'un auteur de la stature de Ludlum. L'une des questions centrales qui retiennent l'attention est celle de la pertinence et de la cohérence des nouvelles œuvres par rapport aux œuvres originales. Même les simples lecteurs et critiques ont tendance à scruter chaque phrase, chaque rebondissement de l'intrigue et chaque personnage pour déterminer si la magie de la narration de Ludlum a été préservée.

Les œuvres posthumes doivent relever le défi de maintenir la continuité avec l'univers établi de Ludlum, une tâche herculéenne. Le maelström d'espionnage, de conspiration et d'action qui caractérise l'héritage littéraire de Ludlum n'est pas fait pour les paresseux. S'écarter du ton et du style établis est presque certain d'éloigner les lecteurs. Les auteurs fantômes et les collaborateurs chargés de poursuivre la narration doivent donc étudier religieusement l'œuvre de l'auteur afin de reproduire le rythme, les dialogues et, surtout, le suspense qui ont fait que le monde entier l'a réclamée.

Les examens post-publication vont au-delà d'une simple évaluation de la chronologie. La barre fixée par les œuvres originales de Ludlum est indéniablement élevée, chacune d'entre elles offrant une narration magistrale, des personnages complexes et des conspirations élaborées. Chaque nouvelle publication portant son nom est censée répondre aux mêmes critères. Les critiques analysent chaque détail de la prose, de l'intrigue et du thème et tentent de les comparer aux caractéristiques uniques de l'écriture de Ludlum. Toute dégradation de la qualité offerte est susceptible de mécontenter les anciens fans et de ruiner la réputation de Ludlum, qui a mis des années à s'établir au cours d'une carrière sans précédent.

La qualité et la cohérence des œuvres posthumes portant le nom de Ludlum reposent en grande partie sur la surveillance des maisons d'édition. L'attention portée aux notes et aux manuscrits inachevés de Ludlum, le contrôle méticuleux des textes et la compétence des éditeurs employés contribuent à protéger l'univers de Ludlum. L'attitude adoptée à l'égard des nouvelles publications est également cruciale, car elle détermine la manière dont les fans inconditionnels et les nouveaux lecteurs interagissent avec le livre. Une fidélité inébranlable à la vision de Ludlum, tempérée par la littérature moderne, garantira l'authenticité des nouvelles œuvres publiées. Cette discussion sur les défis et les responsabilités de la gestion d'un patrimoine littéraire permet de mieux comprendre les complexités liées aux publications posthumes et leur impact sur l'héritage d'un auteur.

Au milieu des débats sur les publications posthumes, l'accent reste mis sur le maintien de l'héritage frénétique de

Ludlum dans le domaine des thrillers. Les lecteurs doivent trouver un équilibre crucial entre le respect du matériel original et l'exercice de la créativité lorsqu'ils lisent ces nouvelles histoires. Ces publications doivent capter l'attention du public pendant des décennies afin d'honorer l'héritage de Ludlum en conservant la cohérence et le niveau d'exigence inégalé associés à son nom.

Le rôle des éditeurs dans l'élaboration de l'héritage de Ludlum

Comme c'est le cas pour presque tous les auteurs, les éditeurs ont un impact significatif sur l'héritage laissé par un auteur, en particulier dans le cas d'œuvres posthumes. Avec un tel auteur que Ludlum, il est essentiel de préserver l'essence et la qualité des manuscrits originaux, tout en nourrissant et en élargissant la galaxie littéraire. Cette expansion, guidée par les éditeurs, promet un avenir passionnant et dynamique aux œuvres de Ludlum.

Dès le départ, ils sont chargés de protéger les actifs de la succession de Ludlum. Leur défi consiste à trouver un équilibre entre le respect de l'héritage de l'auteur et la nécessité de proposer un nouveau contenu. Cet équilibre exige non seulement une supervision, mais aussi un contrôle méticuleux et inébranlable des politiques et processus éditoriaux pour toutes les œuvres posthumes censées porter le nom de Ludlum, afin de s'assurer qu'elles sont cohérentes avec le style, les thèmes et les interactions des personnages de Ludlum. La préservation de ses œuvres littéraires exige également le respect des limites éthiques et morales fixées par l'auteur lui-même.

Les éditeurs ont la garde des marques de l'auteur, ce qui signifie qu'ils sont responsables de la création et de la mise en œuvre de campagnes de marketing, de distribution et de publicité efficaces visant à préserver le nom et l'influence de Ludlum tout en suscitant l'intérêt des lecteurs. Ils peuvent utiliser les nouvelles technologies et les plateformes modernes pour mettre leurs histoires à la disposition de nouveaux publics et, dans le même temps, fidéliser les lecteurs existants.

Ils contrôlent également les adaptations des œuvres de Ludlum dans d'autres formes de médias ou d'autres genres. Ces décisions exigent un grand soin dans la sélection d'écrivains talentueux pour reprendre les rôles les plus célèbres de Jason Bourne, et la collaboration avec des producteurs et des réalisateurs de cinéma et de télévision compétents a permis de transformer l'univers de Ludlum en films. Les éditeurs fournissent les moyens de réaliser ces adaptations, en veillant à ce qu'elles soient efficaces et fassent référence à l'essence de Ludlum dans leurs interprétations, approfondissant ainsi la portée de son héritage dans les industries du cinéma et de la télévision. Cette analyse du rôle des éditeurs dans les adaptations permet de comprendre comment ils influencent l'expansion de l'héritage d'un auteur dans d'autres formes de médias ou de genres.

Les éditeurs jouent également un rôle essentiel dans la gestion permanente de l'aspect commercial des publications. Cela implique la revendication ou la vente de licences et de droits étrangers au nom du patrimoine littéraire de Ludlum, ainsi que la gestion des aspects financiers de l'économie des droits d'auteur, des ventes et de la publicité subventionnée. Les éditeurs maintiennent l'infrastructure économique des œuvres de Ludlum et, à leur tour, soutiennent son héritage en assurant la production perpétuelle de matériel. Leur gestion prudente et stratégique assure la sécurité financière et la prospérité des œuvres de Ludlum.

En résumé, le rôle de l'éditeur dans la construction de l'héritage de Ludlum dans la littérature moderne mérite qu'on s'y attarde. Son travail d'auteur dans le domaine du thriller, qui allie innovation artistique et succès commercial, est rendu possible par l'équilibre entre revendications d'authenticité, contrôle créatif et ressources économiques que ses éditeurs exercent en son nom.

Les adaptations et leur expansion posthume

Le domaine des adaptations posthumes reste l'une des questions les plus délicates liées à l'héritage littéraire de Robert Ludlum. Dans le cadre de la gestion de cet héritage, les problèmes d'adaptation peuvent être liés à l'évolution constante du monde des médias et du divertissement. Le grand succès des romans de Ludlum a suscité un vif intérêt pour leur adaptation au cinéma, à la télévision et sous d'autres formes d'art visuel, y compris la vidéo et la diffusion en continu.

Les adaptations des romans de Ludlum, réalisées à titre posthume, mettent en évidence l'expansion de son univers et les limites fixées par le concept original et les attentes contemporaines des spectateurs. Il convient d'examiner le mélange de réinterprétation imaginative et d'adhésion au cœur de l'art de raconter des histoires de Ludlum. Les choix stratégiques liés à l'adaptation du matériel source, à l'embauche de scénaristes et à la vente des droits de production sont les plus importants pour la survie des œuvres de Ludlum.

D'autres observations pertinentes émergent lorsque l'on intègre des perspectives multidisciplinaires à l'analyse des publications de Ludlum après sa mort. Si les adaptations fidèles peuvent susciter un intérêt tout nouveau pour des personnages célèbres comme Jason Bourne, leur capacité à s'écarter du plan prescrit exige un examen approfondi. De plus, les technologies émergentes et les nouvelles formes de narration visuelle offrent un large éventail d'interprétations des histoires classiques de Ludlum, un exercice périlleux entre la liberté de création et le respect de l'idée fondamentale qui sous-tend l'œuvre originale.

Le passage d'une œuvre littéraire à un film ou à une série télévisée requiert la réunion d'une multitude d'interprétations créatives. Le charme de la prose de Ludlum peut s'en trouver renforcé ou rompu. De telles adaptations requièrent un examen minutieux des aspects qui attirent les lecteurs, tout en exploitant pleinement les capacités visuelles du média. La collaboration entre les auteurs et les responsables de l'adaptation est essentielle pour atteindre l'équilibre souhaité entre créativité artistique et intérêts commerciaux.

Par ailleurs, les réverbérations thématiques du pouvoir et de l'espionnage propres à Ludlum compliquent la tâche des cinéastes et des metteurs en scène qui souhaitent préserver son héritage. Ici, la question de savoir comment conserver la colonne vertébrale idéologique de Ludlum au milieu de la « conversion » du livre au contexte cinématographique est une question qui mérite une réflexion approfondie sur la préservation par rapport à la modernité dialectique dans le contexte, tout en veillant à ce que l'histoire reste applicable à n'importe quelle période.

Alors que le phénomène des adaptations posthumes transforme le modèle de l'héritage de Ludlum dans le monde entier, les subtilités de la prérogative de la propriété intellectuelle se mêlent à la créativité artistique et à l'interprétation du public dans la gestion du patrimoine littéraire. Le droit de transformer et d'honorer les ajouts posthumes tout en développant un corpus d'œuvres établi permet un récit évolutif qui cherche à préserver, et simultanément, à faire revivre l'héritage indélébile de Ludlum dans le monde du thriller.

Implications financières pour la succession littéraire

Les amplifications posthumes qui accompagnent les œuvres de Robert Ludlum soulèvent sans aucun doute une série de conséquences financières complexes. L'une d'entre elles est l'effet écrasant sur les recettes de l'État. Plus les œuvres d'un auteur sont perpétuées, modifiées ou recréées longtemps après sa mort, plus les revenus de la succession augmentent. Cependant, ces gains financiers s'accompagnent de perspectives et de défis qu'il convient de bien gérer.

Du côté optimiste, l'existence constante d'un intérêt et d'un marché pour la propriété intellectuelle de Ludlum peut sans aucun doute conduire à l'octroi de licences très rentables pour d'autres médias, y compris le cinéma et la télévision, mais aussi les contenus en ligne. Non seulement ces efforts sont susceptibles d'améliorer la situation financière de la succession, mais ils sont également susceptibles de présenter d'autres publics aux histoires captivantes du savoir-faire de Ludlum. La poursuite des publications posthumes générera davantage de ventes de livres et améliorera ainsi la viabilité financière de la succession.

À l'inverse, la gestion des publications posthumes comporte son lot de dangers. La marque de l'auteur décédé ainsi que son empreinte artistique risqueraient d'être compromises. Capitaliser sur la popularité continue des personnages et des intrigues de Ludlum serait simple, mais se concentrer sur les profits commerciaux plutôt que de préserver son héritage nuirait à la confiance et au respect du public à l'égard de la succession. De plus, de mauvaises conditions de licence ou de mauvaises décisions éditoriales peuvent donner lieu à des poursuites judiciaires, qui, dans le meilleur des cas, nuiraient à la santé financière et à la réputation de la succession.

Une gestion et un contrôle efficaces des redevances ou des recettes générées par les publications posthumes sont essentiels pour protéger les finances de la succession. Cela suppose des négociations efficaces pour l'octroi de droits à des tiers, un suivi attentif des produits dérivés pour s'assurer qu'ils répondent aux normes des thèmes et du style de Ludlum, ainsi que des dépenses stratégiques pour maintenir un flux de trésorerie positif. La planification successorale devrait permettre de mettre de côté des fonds pour honorer les valeurs de Ludlum en soutenant des œuvres philanthropiques ou littéraires.

Enfin, la situation financière de la succession littéraire en ce qui concerne les publications posthumes illustre l'équilibre entre les responsabilités liées à la gestion de l'héritage créatif de l'auteur et l'exploitation commerciale de son œuvre. Avec une planification adéquate, la succession peut assurer sa protection économique tout en préservant l'image saine et la crédibilité artistique de l'héritage littéraire de Robert Ludlum.

Réflexions finales : l'équilibre entre affaires et intégrité

Dans les publications posthumes, la relation controversée entre l'héritage d'un auteur et la succession de ses œuvres littéraires déplace les frontières. En conclusion, il convient de prendre en compte les multiples combinaisons de qualités logistiques, morales et artistiques dans les limites commerciales et éthiques de l'exploitation de l'œuvre d'un auteur décédé. L'ensemble de la discussion porte sur le respect de la vision du créateur original tout en offrant la propriété intellectuelle d'une manière qui serve les héritiers et les lecteurs.

La noblesse de la paternité exige une combinaison délicate de tactiques dans la gestion de la succession littéraire d'un écrivain publié. Dans ce cas, l'État doit veiller à ce que toute œuvre posthume publiée par l'auteur soit conforme à l'éthique sous-jacente de son œuvre. Pour ce faire, une analyse approfondie de la vision créative de l'auteur ainsi que de ses œuvres inachevées, de ses manuscrits et de ses notes est nécessaire. Il s'agit d'un équilibre délicat entre des œuvres authentiques dignes d'être publiées et des ébauches incomplètes qui portent atteinte à la réputation de l'auteur.

Le maintien des personnages emblématiques ou des univers littéraires d'un auteur nécessite également une capacité de narration authentique et véritable. Une modification minime du canon établi peut être ruinée par des imitations médiocres ou une exploitation monétaire. Il est extrêmement important que les œuvres posthumes honorent l'héritage de l'auteur en ne se contentant pas de le dépouiller au profit d'une exploitation économique.

Des questions éthiques se posent également pour les auteurs fantômes ou les coauteurs, qui ont la lourde charge de porter l'œuvre majeure d'un auteur. La confiance s'installe entre ces auteurs et leur public sans que le respect de la voix de l'auteur d'origine, alors que la narration a évolué, ne soit dûment reconnu.

En fin de compte, l'intégration d'approches commerciales et d'un engagement solide en faveur de la qualité artistique est fondamentale pour garantir la pérennité de l'influence d'un auteur. Il incombe désormais aux éditeurs et aux maisons d'édition de gérer l'héritage artistique de l'auteur avec un profond respect, tout en faisant face aux réalités des aspects commerciaux de l'édition. Cet équilibre est difficile à trouver et exige de réels efforts ainsi qu'un dévouement sans faille pour protéger le cœur qualitatif des œuvres littéraires d'un auteur.

Dans le cadre des discussions en cours sur les publications posthumes, la présence de gardiens perspicaces est cruciale. Pour gérer le patrimoine littéraire d'un auteur, il faut faire preuve d'une loyauté inconditionnelle à l'égard des règles et des principes que les œuvres du créateur incarnent, afin que l'héritage de l'auteur préparé pour l'avenir ne se perde pas au profit de la commercialisation. Grâce à un mélange judicieux, les gardiens du patrimoine littéraire d'un auteur peuvent préserver le passé tout en inspirant ses histoires précieuses qui seront aimées et racontées pendant des années.

10
Une influence durable

L'impact durable de Ludlum sur les thrillers et la culture populaire

L'héritage de Ludlum : une introduction

Robert Ludlum est l'un des auteurs les plus analysés en ce qui concerne sa contribution à la littérature de suspense, et ce pour une bonne raison : son sens de la narration et ses stratégies narratives sophistiquées sont inégalés. En essayant de comprendre l'héritage de Ludlum, il est clair que ses plans réfléchis et ses intrigues élaborées dans son domaine de compétence font de lui l'un des écrivains les plus influents encore aujourd'hui. Dire que Ludlum est doué pour intégrer l'espionnage, la conspiration et le drame serait un euphémisme, car l'inexplicablement grande maîtrise avec laquelle il aborde ces thèmes reste inégalée à ce jour. En détail, le principal facteur contribuant à la qualité supérieure de ses œuvres réside dans l'abondance écrasante de tension et de suspense, qui fait que ses œuvres se distinguent des autres dans le domaine des thrillers. L'œuvre de Ludlum est divertissante et offre une perspective beaucoup plus profonde sur l'obsession humaine pour le pouvoir, la trahison et l'idée de réalité ; ces thèmes centraux permettent aux écrivains d'analyser les subtilités du monde dans lequel nous vivons. Les auteurs contemporains qui élaborent des intrigues complexes avec des personnages bien équilibrés et un rythme intelligent rendent hommage à Ludlum de nombreuses façons.

L'héritage de Ludlum, loin de se limiter à ses propres œuvres, a considérablement influencé le développement du genre du thriller dans son ensemble. Ses techniques narratives, qui permettent d'approfondir les éléments psychologiques et émotionnels de ses histoires, continuent de guider les auteurs de thrillers contemporains dans l'exercice de leur métier. Cette influence durable souligne à quel point un romancier peut inspirer profondément et pousser des générations de conteurs à perfectionner sans cesse leur capacité à captiver le public par des récits captivants.

Influence sur les auteurs de thrillers contemporains

L'influence de Robert Ludlum sur les auteurs de thrillers contemporains est profonde et d'une grande portée, inspirant une nouvelle génération d'auteurs. Ses intrigues complexes, son action rapide et sa caractérisation approfondie ont placé la barre très haut pour les nouveaux auteurs. De nombreux auteurs contemporains de thrillers considèrent Ludlum comme la source principale de leur passion pour l'écriture, en particulier dans le domaine du thriller. L'influence des prouesses de Ludlum en matière de narration ne se limite pas aux pages de ses livres, mais se répercute dans tout le tissu de la littérature de suspense contemporaine, inspirant les auteurs à repousser les limites de leur art.

L'un des principaux aspects de l'impact de Ludlum sur les auteurs de thrillers modernes est son talent pour créer des histoires riches et multidimensionnelles qui captivent les lecteurs. Sa maîtrise de la construction du suspense et de l'intrigue est devenue une caractéristique du genre, inspirant les écrivains à créer des intrigues élaborées et surprenantes qui tiennent les lecteurs en haleine. Le souci du détail et les recherches approfondies de Ludlum aident les auteurs en herbe à se familiariser avec le genre du thriller, en les encourageant à rechercher l'authenticité et la profondeur dans leurs récits.

Ludlum a créé les personnages les plus étonnamment

originaux des thrillers modernes. De nombreux écrivains utilisent les héros et les méchants de Ludlum comme modèles, car les auteurs modernes s'inspirent des légendes pour définir le rôle et l'héroïsme de leurs personnages dans leur société d'accueil. Les doutes éthiques et les dilemmes décrits dans ses écrits sont similaires aux problèmes auxquels les écrivains contemporains doivent faire face pour créer une littérature intéressante basée sur des constructions psychologiques sociales complexes.

Les auteurs de thrillers modernes continuent de s'inspirer des explorations thématiques de l'œuvre de Ludlum. Sa vision des conflits de pouvoir, chargée de conspirations et d'espionnage, a offert une nouvelle voie à explorer aux écrivains émergents. La fusion complexe de l'action et de l'analyse de la double croix, de la confiance et de la loyauté dans son œuvre a offert un modèle aux écrivains contemporains qui cherchent à combiner l'excitation et le raisonnement cérébral dans leurs récits.

Les avancées de Robert Ludlum en tant que pionnier du genre ont apporté une touche artisanale, caractérielle et thématique aux thrillers personnalisés, ce qui a profondément influencé les écrivains modernes. Il montre ainsi de manière remarquable à quel point il restera un point de référence dans le développement futur de la littérature de suspense.

Façonner le récit d'espionnage moderne : l'héritage de Jason Bourne

Les romans de Robert Ludlum et les films qui en ont été tirés - avec Matt Damon dans le rôle principal - ont transformé à jamais les histoires d'espionnage par leurs changements de style, leur complexité et leurs intrigues étonnantes. La représentation des espions, en particulier dans les romans de Ludlum, a redéfini l'image des agents infiltrés dans la culture populaire. Les espions de Ludlum étaient des super-héros troublants, mais plausibles, confrontés à un dilemme moral. Ludlum a stupéfié le monde littéraire avec le personnage de Jason Bourne, qui incarnait le recul moral. Sa personnalité multidimensionnelle a incité les auteurs de romans à suspense à doter leurs personnages d'une psychologie complexe. Par ailleurs, les films adaptés ont également mis en scène Matt Damon et ont accentué ce changement. Les adaptations cinématographiques des romans de Ludlum ont été un véritable succès : elles ont su capturer l'essence même des histoires de l'auteur et créer des films palpitants qui ont diverti le public du monde entier. Les scènes d'action tumultueuses et souvent violentes, associées aux intrigues complexes et aux scénarios élaborés des dernières parties, ont sans aucun doute été le fer de lance de la nouvelle norme en matière d'espionnage dans le monde du cinéma.

En plus des scènes principales de l'histoire qui font froid dans le dos, nous avons découvert le cœur de la franchise Jason Bourne : le changement de ce que le public attend d'une fiction d'espionnage et sa fiabilité.

Grâce à son souci du détail, Ludlum a incité de nouveaux auteurs et cinéastes à s'investir dans des recherches allant des tactiques artisanales aux activités géopolitiques. L'influence culturelle et le succès de la franchise ont sensibilisé aux questions éthiques liées à l'espionnage et aux opérations de renseignement dans la vie réelle. L'héritage de Jason Bourne renforce sa capacité à combiner un divertissement stimulant et des questions complexes, tout en approfondissant l'héritage du genre de la fiction d'espionnage. Alors que le public reste fasciné par la série Bourne, celle-ci reste une marque de l'influence de Robert Ludlum sur le monde changeant de la fiction d'espionnage.

La marque Ludlum : au-delà des livres

En dehors de la littérature, Robert Ludlum a eu un impact sur la culture populaire, ce qui témoigne de sa large couverture. Ludlum est désormais associé à la culture populaire, dont l'industrie et d'autres secteurs continuent d'être influencés.

Au-delà des textes, les histoires captivantes de Ludlum ont été reproduites dans des films, des programmes télévisés et même des jeux vidéo. Ses intrigues à plusieurs niveaux et ses personnages hyperactifs ont réussi à s'adapter à leurs homologues visuels, avec leurs intrigues sinueuses et imprévisibles. Le charme de la transposition cinématographique de ses univers soigneusement conçus dans les livres a permis aux spectateurs de vivre ses récits puissants comme jamais auparavant.

La marque Ludlum s'est déjà répandue dans les produits dérivés, les produits de licence et d'autres domaines commerciaux. L'image et les motifs bien connus liés aux œuvres de Ludlum ont déjà été utilisés sur l'emballage d'une variété de produits pour graver davantage son nom dans la culture populaire. La gamme d'objets de collection et d'éléments multimédias témoigne de l'influence des romans de Ludlum au-delà du texte imprimé.

S'éloignant des supports traditionnels, la marque Ludlum s'est déjà tournée vers les médias numériques et interactifs. Captant l'imagination du public, les jeux vidéo qui transforment les récits de Ludlum placent instantanément les utilisateurs au cœur de circonstances énigmatiques. C'est la première fois qu'ils peuvent interagir directement avec les situations et les personnages audacieux mis en scène par le grand écrivain. Ce passage au jeu a non seulement permis d'accroître la portée de Ludlum, mais aussi de familiariser un nouveau public avec les caractéristiques de ses œuvres impressionnantes.

La marque Ludlum a su s'intégrer dans un réseau en

concluant des partenariats stratégiques et en innovant en matière de collaboration cross-média. Elle a redéfini le champ de la paternité en incorporant des éléments du monde littéraire dans diverses voies d'interaction avec le consommateur, repoussant les limites de l'art de l'édition.

L'héritage de la marque est un exemple de l'efficacité et de la pertinence de ses histoires. Ludlum et ses œuvres captent l'imagination et l'intérêt d'innombrables personnes de différentes cultures et sont une source constante de son importance dans l'écriture de fiction.

Adaptations cinématographiques et télévisuelles : « réinventer le genre »

Les œuvres de Robert Ludlum dépassent largement le cadre de la littérature et ont un impact profond sur le média visuel. Ses romans, adaptés au cinéma et à la télévision, ont transformé le genre du thriller et redéfini ce que le public attend des histoires de cape et d'épée ainsi que des récits de suspense. Avec « The Bourne Identity » et « The Osterman Weekend », Ludlum a fermement établi son nom dans le monde entier en tant qu'auteur d'intrigues complexes, de personnages aux multiples facettes et de films d'action implacables sur celluloïd.

Les adaptations sont souvent le fruit d'une négociation minutieuse entre le matériau d'origine et le récit visuel. Les récits de Ludlum étant aussi captivants qu'ils le sont, les réalisateurs et les metteurs en scène ont exploité leur créativité pour créer des images dynamiques accompagnées d'une dramaturgie exacerbée. Cette adaptation réussie du roman à l'écran a en effet modifié les limites de l'influence de Ludlum, amplifiant la croissance des thrillers cinématographiques et télévisés.

Avec l'attrait du divertissement et les empires en profondeur du cinéma et de la télévision, les histoires, les personnages et les intrigues secondaires intégrées dans les œuvres de Ludlum sont destinés à être compris et explorés sous d'innombrables angles.

Ces changements ont permis de créer de nouvelles façons de représenter l'espionnage, la conspiration et le suspense psychologique dans le cinéma moderne. Le public qui a consommé ces adaptations a été sensibilisé aux œuvres littéraires de Ludlum, ce qui a suscité davantage d'intérêt pour ses romans, contribuant ainsi à sa réputation de maître conteur. Ses chefs-d'œuvre, créés tout au long de sa vie, captivent ses fans et des publics de cultures et de traditions différentes, leur permettant d'apprécier la cruauté et l'universalité de ses idées et de ses concepts.

Alors que le fossé qui sépare le texte du non-texte continue de s'estomper, l'étude et l'appréciation de la réalisation de films narratifs à travers le prisme de Ludlum restent d'une grande importance. La fusion du texte et du film est aussi simple que l'intégration du monde du commerce et du divertissement. De nombreux chercheurs et critiques ont fait l'éloge de l'union étonnante entre le style complexe et sophistiqué de Ludlum et l'œil d'une caméra braquée sur sa télévision et son cinéma. L'analyse des techniques du cinéma narratif de Ludlum met en lumière un problème d'arts plastiques aux multiples facettes : la combinaison du mot écrit et de la représentation visuelle et l'influence durable des récits de Ludlum.

Les techniques de Ludlum dans la réalisation de films narratifs

Robert Ludlum est bien connu pour ses romans à la trame profonde, qui ont fait l'objet d'innombrables films à succès. Son œuvre a mis en évidence le fait qu'il préconise une approche novatrice de la réalisation de films. Quelques éléments fondamentaux ressortent de l'évaluation des approches de Ludlum.

L'un des rares aspects qui permettent de capter l'attention du spectateur est celui des intrigues multidimensionnelles, et Ludlum excelle dans ce domaine. L'inclusion de dynamiques de personnages éprouvées, de conflits parallèles, d'espionnages et de conspirations crée un cinéma riche et divertissant. La multidimensionnalité apporte au public de la profondeur et du mystère, ce qui le captive et l'incite à rester collé à son siège.

Les romans de Ludlum présentent un rythme rapide et de fortes tensions, qui procurent au lecteur une sensation de plaisir envoûtante. Sa vitesse ininterrompue, associée à des conflits intenses et à des enjeux élevés, est également extrêmement bénéfique pour le transfert d'idées sous forme de film. Les films et les séries qui s'inspirent de Ludlum suivent généralement ses stratégies, en proposant un rythme serré et stimulant, entrecoupé d'éclairs d'action.

Par ailleurs, la complexité des histoires de Ludlum exige un examen minutieux de tous les aspects de la cinématographie et du montage des films. Les images et les transitions entre les scènes doivent refléter la complexité des éléments du récit sans noyer le public. Il faudra donc une combinaison efficace de narration visuelle et de montage rapide pour captiver le public et lui permettre de suivre tous les rebondissements de l'histoire.

Du point de vue de la réalisation, l'ajout de personnages moralement douteux à la liste des œuvres de Ludlum est fascinant du point de vue de l'adaptation. Dans ses histoires, la loyauté du personnage est le plus souvent divisée, ce qui en fait un héros ou un anti-héros potentiel. C'est un défi pour le cinéaste : saisir le degré acceptable de complexité ou d'ambiguïté morale qui peut être infusé dans l'intrigue pour la rendre captivante pour les spectateurs.

Transformer le drame des romans de Ludlum en film exige une connaissance approfondie de la réalité géopolitique, c'est-à-dire des structures politiques et sociales du monde ainsi que de leurs subtilités, ce qui renforce la crédibilité de l'intrigue à développer à l'écran. Compte tenu des recherches approfondies et de la construction du monde effectuées par Ludlum, les films semblent contenir de nombreuses suggestions richement détaillées autour desquelles l'histoire peut s'articuler.

Les techniques narratives de Ludlum vont au-delà de l'ennui de la valeur de divertissement. Dans ce cas, le cinéma contemporain est directement façonné par une narration intelligente, captivante et immersive. Supposons que les cinéastes parviennent à transposer à l'écran l'art littéraire de Ludlum. Le monde se verrait alors servir un cocktail phénoménal d'action supersonique, d'intrigue à plusieurs niveaux et d'incertitude morale, le tout enveloppé dans un film à couper le souffle, qui tient en haleine la plupart des spectateurs et qui, en même temps, garantit que les experts, les critiques et les masses se souviendront de Ludlum pour les siècles à venir.

Acclamations de la critique et analyses savantes

Robert Ludlum est un auteur bien connu de romans de fiction populaires ; cependant, sa réputation atteint des frontières auparavant revendiquées par les critiques et les universitaires, puisqu'il a reçu des accolades immensément significatives. Les académiciens et les critiques littéraires ont tenté de comprendre les styles distincts qui illustrent la politique dans sa prose, ce qui lui a valu la célébrité et le succès. Les analyses critiques de Ludlum combinent diverses métaphores de récits conspirationnistes, mettant en scène des protagonistes amoraux et bestiaux, et le cadre socio-historique dans lequel ses romans se déroulent.

Les critiques et les universitaires ont souligné la maîtrise téméraire de Ludlum en matière de suspense, estimant que celui-ci passe ainsi d'une œuvre purement divertissante à un art littéraire. La myriade de secrets cachés dans l'architecture politique de l'espionnage, tissée dans l'équilibre du personnage et de l'intrigue de Ludlum, fournit une mine d'informations pour une grande analyse académique, culminant dans le traitement de la tapisserie de la nature humaine et de ses personnages dans de nombreuses publications qui lui sont consacrées.

L'œuvre de Ludlum n'a pas seulement fait l'objet d'études universitaires, elle a également influencé de manière significative le développement du genre du thriller. Ses récits complexes, profondément ancrés dans l'intelligence et l'identité occidentales, ont remis en question l'analyse traditionnelle fondée sur le genre, suscitant des débats scientifiques et l'appréciation de son approche novatrice.

En plus de son étonnante contribution, les chercheurs ont souligné la profondeur du style, de la structure et des formes de la prose, ainsi que les techniques de suspense, qui ont rendu Ludlum vraiment remarquable. Son mélange et sa structuration inégalés des thèmes créent une œuvre qui ne sera jamais dénigrée.

Les études universitaires systématiques, les romans de

Ludlum ont constitué un élément central de la critique littéraire dans les revues, les conférences et les institutions universitaires du monde entier. Les conversations autour des différents aspects de l'héritage de Ludlum témoignent elles-mêmes de l'héritage littéraire et intellectuel qu'il a légué et affirment son statut d'auteur hautement critiqué et digne d'une profonde appréciation académique.

Engagement des lecteurs : développer une base de fans mondiale

Lorsque les lecteurs du monde entier ont été captivés par les romans de Robert Ludlum, l'engagement des lecteurs était au cœur de la construction d'une base de fans mondiale. Des lecteurs d'horizons culturels différents ont été captivés par les intrigues complexes de Robert Ludlum et ont pu s'identifier à ses œuvres, qui transcendent les frontières et les langues. Un tel niveau d'engagement a été rendu possible par la façon dont Ludlum a mêlé conspirations et espionnage pour offrir aux lecteurs une expérience palpitante et captivante. Les personnages moraux dynamiques et les dilemmes de ses romans ont profondément séduit le public, l'incitant à plonger plus profondément dans les mondes qu'il a créés. Le rythme habile de Ludlum et sa narration pleine de suspense font que les lecteurs ne peuvent pas lâcher le livre tant qu'ils n'ont pas développé un lien durable avec l'auteur. De plus, les thèmes abordés dans ses romans, tels que la trahison, la loyauté et la lutte pour la justice, sont universellement racontables, ce qui renforce l'engagement du lecteur et rend sa narration encore plus percutante à l'échelle mondiale.

Au-delà de l'écriture, Ludlum a intégré ses lecteurs à une communauté par le biais d'apparitions publiques, d'interviews d'auteurs et de clubs de fans. Il a cherché à créer un lien émotionnel au-delà des pages de ses romans. Ces interactions ont aidé les lecteurs à apprécier l'auteur derrière l'œuvre et à approfondir leur amour pour les thrillers. Sa volonté de répondre aux questions des fans témoigne de ses efforts pour renforcer la relation avec eux. Cela montre clairement que l'auteur respecte et apprécie ses lecteurs, et vice versa.

L'ère de la technologie a intensifié l'interaction avec les lecteurs en permettant aux fans de s'engager, de partager et de montrer leur amour pour l'héritage de Ludlum. Les communautés en ligne, qui ont émergé sur les médias sociaux et à travers le contenu des fans, ont permis aux amateurs de Ludlum de collaborer pour débattre, analyser et apprécier ses œuvres. Ce réseau interconnecté a permis de célébrer les œuvres de Ludlum sous différents angles, et leurs interprétations ne font qu'enrichir ses récits puissants et les passions des fans. Les progrès constants de la technologie font qu'il est essentiel d'adopter de nouveaux modes d'interaction avec les lecteurs si l'on veut que l'héritage des superbes thrillers de Robert Ludlum se maintienne ou s'étende.

Succès commercial et endurance littéraire

Le succès commercial de Robert Ludlum a non seulement fait de lui une légende littéraire, mais il a également inscrit son nom dans les livres d'histoire de l'espionnage et de la littérature à suspense. Au fil des ans, ses romans ont toujours figuré sur la liste des best-sellers, envoûtant les lecteurs du monde entier et permettant aux éditeurs d'engranger d'énormes bénéfices. Le style particulier de l'auteur, associé à des intrigues pleines d'action, lui a valu des fans dans le monde entier, ce qui lui a valu une popularité soutenue et un succès commercial durable. Le rythme implacable et les récits palpitants ont contribué à séduire de nombreuses générations, garantissant que chaque nouvelle génération lira ses livres et leur place dans le canon littéraire. En plus, Jason Bourne, le personnage le plus célèbre créé par Ludlum, a contribué à la longévité de son empire littéraire. Ce personnage, dont les personnalités et les histoires marquantes attirent l'attention des lecteurs, a également été interprété au cinéma, ce qui a permis d'améliorer les résultats économiques de ses livres grâce aux adaptations cinématographiques.

L'immortalité des thèmes de Ludlum, qui découlent des

concepts fondamentaux de la vie humaine et des expériences auxquelles tout le monde s'identifie, permet à ses œuvres littéraires de perdurer.

La trahison, la loyauté, l'identité et la lutte entre le bien et le mal sont les principaux thèmes de ses romans, qui s'adressent à des personnes de différentes époques et cultures à travers le monde. Par ailleurs, les recherches approfondies et détaillées menées par Ludlum ont ajouté un cachet de réalité et d'importance à son œuvre, qui reste actuelle malgré l'évolution de la politique mondiale et des enjeux sociaux. Dans un contexte d'évolution rapide des modes de lecture et des goûts littéraires, le succès littéraire constant de Robert Ludlum prouve que les thrillers bien écrits ne se démodent jamais, réaffirmant ainsi son statut d'auteur parmi les plus respectés de la fiction commerciale et de la littérature.

Réflexions finales : l'influence intemporelle de Robert Ludlum

L'influence inégalée de Robert Ludlum sur le genre du thriller et la culture populaire nous rappelle son influence majeure et son talent d'auteur. En réfléchissant à l'héritage qu'il a laissé, il est clair que l'impact de Ludlum va au-delà des mots de ses romans. En laissant une empreinte incroyable sur la littérature et le divertissement, Ludlum a captivé le public par la complexité de ses intrigues, son suspense inébranlable et ses personnages dynamiques.

Son héritage influence encore grandement le monde d'aujourd'hui, en particulier dans le domaine des affaires. Les lecteurs du monde entier continuent de s'enthousiasmer pour ses romans, même des décennies après leur publication initiale, ce qui témoigne de sa maîtrise de la narration. La charge négative de personnages classiques tels que Jason Bourne témoigne de l'attrait du savoir-faire narratif que Ludlum incarne éternellement.

Enfin et surtout, les contributions de Ludlum ont favorisé et amélioré le monde moderne. L'amalgame de l'espionnage et de la conspiration et leur intégration dans un seul récit sont considérés comme la marque de fabrique de Ludlum. Son autorité a fait de lui un écrivain très apprécié, « beaucoup citent Ludlum » et il est le seul à avoir écrit des récits audacieux remplis de rebondissements sans fin.

L'impact de Ludlum va au-delà de la littérature et a même transformé Hollywood et la télévision. Ses livres ont été adaptés en superproductions à succès, modifiant le style narratif des films et insufflant une nouvelle vie aux films d'espionnage et de suspense. Ces adaptations témoignent non seulement de l'appréciation des romans de Ludlum, mais aussi de sa pertinence et de son influence culturelle au fil des ans, auprès de nouveaux publics et de fans sur différents supports.

Les adaptations des romans de Ludlum sont légendaires et font l'objet de recherches approfondies, ce qui a attiré l'attention des universitaires qui se penchent sur l'étude des thrillers et des romans d'espionnage. Il est louable que de nombreux chercheurs et critiques en soient venus à louer la complexité des intrigues de Ludlum et aient analysé les significations profondes de la confiance, de la trahison et de l'expérience humaine contenues dans ses récits. Cette admiration montre à quel point les œuvres de Ludlum ont un impact sur le monde de la littérature et prouve son importance.

L'impact de Robert Ludlum sur le genre du thriller et sur la culture populaire est indélébile. Il maîtrise l'art d'élaborer des récits extrêmement complexes qui font battre le cœur. Ses romans trouvent toujours un écho auprès du public du monde entier, ce qui fait de lui une personnalité étonnante de la littérature contemporaine. Ses romans sont constants, et une nouvelle vague de lecteurs est toujours impatiente de découvrir ses personnages. Ainsi, l'héritage de Robert Ludlum est une histoire sans fin de la force que peut produire une grande histoire.

Sélection bibliographique

Livres originaux écrits uniquement par Robert Ludlum au cours de sa vie, classés par année de publication :

1970s:

1. Ludlum, R. (1971). *The Road to Gandolfo*. Random House.
2. Ludlum, R. (1971). *The Osterman Weekend*. Random House.

3. Ludlum, R. (1972). *The Cry of the Halidon*. Random House.

4. Ludlum, R. (1973). *The Rhinemann Exchange*. Random House.

5. Ludlum, R. (1974). *The Scandia Affair* (as Michael Shepherd). Dial Press.

6. Ludlum, R. (1975). *The Matlock Paper*. Random House.

7. Ludlum, R. (1977). *The Gemini Contenders*. Random House.

8. Ludlum, R. (1978). *The Chancellor Manuscript*. Random House.

1980s

9. Ludlum, R. (1980). *The Bourne Identity*. Richard Marek Publishers.

10. Ludlum, R. (1982). *The Parsifal Mosaic*. Random House.

11. Ludlum, R. (1983). *The Aquitaine Progression*. Random House.

12. Ludlum, R. (1984). *The Bourne Supremacy*. Random House.

13. Ludlum, R. (1986). *The Icarus Agenda*. Random House.

14. Ludlum, R. (1988). *The Bourne Ultimatum*. Random House.

1990s

15. Ludlum, R. (1990). *The Holcroft Covenant*. Random House.

16. Ludlum, R. (1991). *The Road to Omaha*. Random House.

17. Ludlum, R. (1992). *The Scorpio Illusion*. Bantam Books.

18. Ludlum, R. (1993). *The Apocalypse Watch*. Bantam Books.

19. Ludlum, R. (1994). *The Road to Hell* (reissue of *The road to Gandolfo*). Bantam Books.

20. Ludlum, R. (1995). *The Matarese Countdown*. Bantam Books.

21. Ludlum, R. (1997). *The Hades Factor* (with Gayle Lynds). Bantam Books.

22. Ludlum, R. (1999). *The Prometheus Deception*. St. Martin's Press.

Années 2000 (publié avant sa mort)

23. Ludlum, R. (2000). *The Janson Directive*. St. Martin's Press.

La vie et l'œuvre de Ludlum :

1. Aronoff, K. (2012). *Robert Ludlum: The master of the conspiracy thriller*. McFarland & Company.

2. Britton, W. (2005). *Beyond Bond: Spies in fiction and film*. Praeger Publishers.

3. Cawelti, J. G., & Rosenberg, B. A. (1987). *The spy story*. University of Chicago Press.

4. Cobbs, J. L. (2011). *Understanding Robert Ludlum*. University of South Carolina Press.

5. Collins, M. (2009). *The eyes of the world: Robert Capa, Gerda Taro, and the invention of modern photojournalism*. Metropolitan Books. (Chapter on Ludlum's influence on war journalism)

6. Garfield, B. (2007). *The Ludlum identity: The man behind the bestsellers*. Overlook Press.

7. Harper, R. (2001). *The world of Robert Ludlum*. Frederick Ungar Publishing Co.

8. Hoppenstand, G. (Ed.). (2010). *The detective in American fiction, film, and television*. Bowling Green State University Popular Press. (Chapter on Ludlum's detective elements)

9. Knight, S. (2004). *Crime fiction since 1800: Detection, death, diversity* (2nd ed.). Palgrave Macmillan.

10. Merry, B. (2018). *Encyclopedia of modern American humor*. Scarecrow Press. (Entry on Ludlum's use of humor)

11. Panek, L. L. (2003). *The American Roman noir: Hammett, Cain, and Chandler*. University of Kentucky Press. (Chapter on Ludlum's noir influences)

12. Pepper, A. (2000). *The contemporary American crime novel: Race, ethnicity, gender, class*. Edinburgh University Press.

13. Priestman, M. (Ed.). (2003). *The Cambridge companion to crime fiction*. Cambridge University Press.

14. Rosenberg, B., & Bloom, H. (1996). *Spy fiction: A connoisseur's guide*. Blue Dolphin Publishing.

15. Sandbrook, D. (2011). *Mad as hell: The crisis of the 1970s and the rise of the populist right*. Knopf. (Chapter on Ludlum's cultural impact)

16. Schaub, T. H. (2001). *American fiction in the Cold War*. University of Wisconsin Press.

17. Seed, D. (2003). *Brainwashing: The fictions of mind control*. Kent State University Press. (Analysis of Ludlum's themes)

18. Stafford, D. (2013). *The silent game: The real world of imaginary spies* (Rev. ed.). University of Georgia Press.

19. Thompson, J. (2007). *Fiction, crime, and empire: Clues to modernity and postmodernism*. University of Illinois Press.

20. Winks, R. W. (Ed.). (2003). *Mystery and suspense writers: The literature of crime, detection, and espionage* (Vol. 1). Charles Scribner's Sons.

Critique:

A Dictionary of Literary Pseudonyms in the English Language (2000). In Carty T. J. (Ed.), . Taylor & Francis Group, Taylor & Francis Group.

Action Does Not Translate from Film to Its Bourne Novel Version. (2024). *Pennsylvania Literary Journal, 16*(3), 10-12,371.

Digitale Literaturwissenschaft: DFG-Symposion 2017 (2023). In Jannidis F. (Ed.), . J. B. Metzler'sche Verlagsbuchhandlung & Carl Ernst Poeschel GmbH, J. B. Metzler'sche Verlagsbuchhandlung & Carl Ernst Poeschel GmbH.

Policing Literary Theory (2018). . BRILL, BRILL.

The Continental Influence on the Eighteenth-Century Novel: 'The English Improve What Others Invent'. (2018). *The Scriblerian and the Kit-Cats, 51*(1), 39-40.

The Time Is Now: Writing Prompts and Exercises. (2019, Nov). *Poets & Writers, 47*, 23.

Abdias Correia de, C. N. (2015). O subalterno e o discurso como resistência: uma dupla subalternidade, pobre e preso. *Anuário De Literatura, 20*(1)https://doi.org/10.5007/2175-7917.2015v20n1p32

Allen, R. (1993). *Robert Ludlum*

Axelrod, M. (1996). Once Upon a Time in Hollywood; or, The Commodification of Form in the Adaptation Of Fictional Texts to the Hollywood Cinema. *Liter-*

ature/Film Quarterly, 24(2), 201-208.

Bauer, L. (2002). Hitting a moving target. *English Today, 18*(4), 55-59. https://doi.org/10.1017/S0266078402004108

Braune, S. (2018). Policing Literary Theory, Textxet: Studies in Comparative Literature. *Metacritic Journal for Comparative Studies and Theory, 4*(1), 132.

Buckton, O. (2015). *Espionage in British Fiction and Film Since 1900: The Changing Enemy*. Lexington Books/Fortress Academic, Lexington Books/Fortress Academic.

Casement, W. (1995). Some myths about the great books. *The Midwest Quarterly, 36*(2), 203.

Charles, J., Morrison, J., & Clark, C. (2002). *Mystery Readers' Advisory: The Librarian's Clues to Murder and Mayhem*. ALA Editions, ALA Editions.

Conte, J. (2019). *Transnational Politics in the Post-9/11 Novel*. Taylor & Francis Group, Taylor & Francis Group.

Conte, J. M. (2011). DON DELILLO'S FALLING MAN AND THE AGE OF TERROR. *Modern Fiction Studies, 57*(3), 559-583,1.

Corrigan, T. (2016). Still Speed: Cinematic Acceleration, Value, and Execution. *Cinema Journal, 55*(2), 119-125,157.

Davis, J. M. (2019). The Disorganized Organization. *World Literature Today, 93*(2), 10-12.

de Zepetnek, S. T. (1994). Toward a theory of cumulative canon formation: Readership in English Canada. *Mosaic : A Journal for the Interdisciplinary Study of Literature, 27*(3), 107-119.

Dix, A., Jarvis, B., & Jenner, P. (2011). *The Contemporary American Novel in Context*. Bloomsbury Publishing Plc, Bloomsbury Publishing Plc.

Dodds, K. (2010). Jason Bourne: Gender, Geopolitics, and Contemporary Representations of National Security. *Journal of Popular Film & Television, 38*(1), 21-33.

Drew, B. A. (2010). *Literary Afterlife: The Posthumous Continuations of 325 Authors' Fictional Characters*. McFarland & Company, Incorporated Publishers, McFarland & Company, Incorporated Publishers.

Edgardo Rodríguez Juliá. (2005). Ciudad letrada, ciudad caribeña (Apostillas al libro San Juan, ciudad soñada). *Caribe : Revista De Cultura y Literatura, 7*(2), 21-30,141.

Edwards, T. R. (2002). Oprah's choice. *Raritan, 21*(4), 75-86.

Goodman, S. (2013). Book Reviews: British Writers and MI5 Surveillance, 1930-1960 by James Smith. Cambridge University Press, 2013. & The Covert Sphere: Secrecy, Fiction & the National Security State by Timothy Melley. Cornell University Press, 2012. *Literature & History, 22*(2), 127-129.

Greenberg, M. H. (1993). *The Robert Ludlum companion*

Hepburn, A. (2005). *Intrigue: Espionage and Culture*. Yale University Press, Yale University Press.

King, N. (2008). Secret Agency in Mainstream Postmodern Cinema. *Postmodern Culture, 18*(3)https://doi.org/10.1353/pmc.0.0024

Koron, A. (2012). The Private Library of Lojze Kovacic and World Literature. *Primerjalna Knjizevnost, 35*(1), 107-120,281.

Longmuir, A. (2007). Genre and Gender in Don DeLillo's Players and Running Dog. *Journal of Narrative Theory: JNT, 37*(1), 128-145,159.

Macdonald, A. F., & Macdonald, G. (2005). *Scott Turow: A Critical Companion*. Bloomsbury Publishing USA, Bloomsbury Publishing USA.

Macdonald, G. (1997). *Robert Ludlum: a critical companion*

Melley, T. (2012). *The Covert Sphere: Secrecy, Fiction, and the National Security State*. Cornell University Press, Cornell University Press.

Nel, v. D. (1999). Research into canon formation: Nationalism, literature, and an institutional point of view. *Poetics Today, 20*(1), 121-132.

Ng, M. N. (2003). Warriors in Flight: John Buchan's War Novels. *Canadian Literature,* (179), 188-192.

Patton, B. (2008). Masculinity in Fiction and Film: Representing Men in Popular Genres 1945-2000. *Style, 42*(4), 517-520,577-578.

Redfield, M. (2007). VIRTUAL TRAUMA: THE IDIOM OF 9/11. *Diacritics, 37*(1), 55-80,2.

Rennison, N. (2008). *Bloomsbury Good Reading Guide:*

Discover Your Next Great Read. Bloomsbury Publishing Plc, Bloomsbury Publishing Plc.

Saricks, J. G. (2004). *Readers' Advisory Service in the Public Library*. ALA Editions, ALA Editions.

Schweitzer, D. (2016). When Terrorism Met the Plague: How 9/11 Affected the Outbreak Narrative. *Cinema Journal, 56*(1), 118-123.

Snyder, R. L. (2009). Eric Ambler's Revisionist Thrillers: Epitaph for a Spy, A Coffin for Dimitrios, and The Intercom Conspiracy. *Papers on Language and Literature, 45*(3), 227-260.

Stein, B. (2005). All Offers Are Valid Only While Supplies Last. *River Teeth, 7*(1), 128-135,138.

Suneetha, P. (2015). 'Invocation to Memory Enveloped by Fog': An Introduction to Missing Person, the 2014 Nobel Laureate Modiano's Nouveau Roman. *IUP Journal of English Studies, 10*(3), 59-69.

Sutherland, J. (2007). *Bestsellers: A Very Short Introduction*. Oxford University Press, Oxford University Press.

Swirski, P. (1999). Popular and Highbrow Literature: A Comparative View. *CLCWeb, 1*(4)https://doi.org/10.7771/1481-4374.1053

Swirski, P., & Wong, F. (2006). Briefcases for Hire: American Hardboiled to Legal Fiction. *The Journal of American Culture, 29*(3), 307-320.

Weiss, R. (2017). British Spy Fiction and the End of Empire. *Joseph Conrad Today, 42*(1), 11-12.

Woods, B. F. (2007). *Neutral Ground: A Political His-*

tory of Espionage Fiction. Algora Publishing, Algora Publishing.

www.ingramcontent.com/pod-product-compliance
Lightning Source LLC
Chambersburg PA
CBHW021124300426
44113CB00006B/282